U0878076

父母教练
父母教练 | Parenting
推动摇篮的手推动世界

没有不独立的孩子

只有不放手的父母

[法] 安妮·巴屈斯——著
蒋枋栖——译

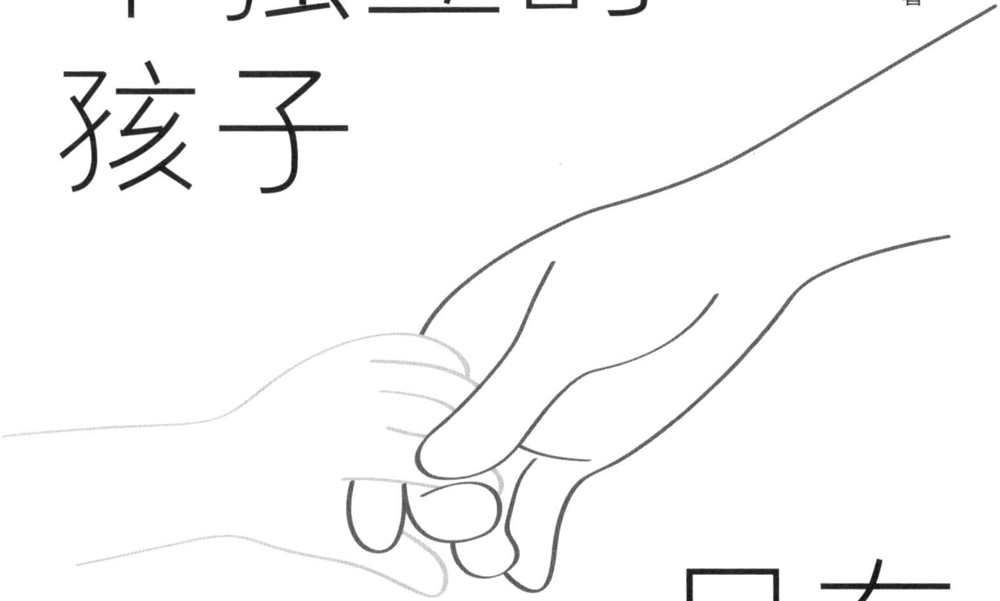

长江出版传媒 | 长江少年儿童出版社

图书在版编目（CIP）数据

没有不独立的孩子，只有不放手的父母 / （法）安妮·巴屈斯著 ； 蒋枋栖译. -- 武汉 ：长江少年儿童出版社，2021.4
ISBN 978-7-5721-0879-2

Ⅰ. ①没… Ⅱ. ①安… ②蒋… Ⅲ. ①家庭教育 Ⅳ. ①G78

中国版本图书馆CIP数据核字(2020)第142941号
著作权合同登记号：图字17-2016-344

MEIYOU BUDULI DE HAIZI ZHIYOU BUFANGSHOU DE FUMU
没有不独立的孩子，只有不放手的父母
［法］安妮·巴屈斯 / 著　蒋枋栖 / 译
责任编辑 / 蒋　玲　方云宝
装帧设计 / 康苗苗　美术编辑 / 鲁　静
出版发行 / 长江少年儿童出版社
经销 / 全国新华书店
印刷 / 深圳市精彩印联合印务有限公司
开本 / 787×1092　1 / 16
印张 / 15.5
印次 / 2021年4月第1版，2021年4月第1次印刷
书号 / ISBN 978-7-5721-0879-2
定价 / 55.00元

策划 / 海豚传媒股份有限公司
网址 / www.dolphinmedia.cn　邮箱 / dolphinmedia@vip.163.com
阅读咨询热线 / 027-87391723　销售热线 / 027-87396822
海豚传媒常年法律顾问 / 湖北珞珈律师事务所　王清　027-68754966-227

目录

Contents

第四章 让孩子成长

铸就自尊

增强自信

第五章 鼓励孩子拼搏

管理恐惧

应对恐惧

第六章 赋予孩子翅膀

好奇心、创造力和梦想

传授良好的举止

安排和训练

第七章 准备飞翔

管理困难和压力

自己做事并形成责任感

知道孩子何时“到年龄”

前言

Introduction

人们获得独立的过程，是在孩童时期和青少年时期**年复一年，长途跋涉的过程**。

从某些角度来看，父母会觉得孩子的独立令人担忧。因为独立意味着孩子离开自己，不再受到自己羽翼的保护。况且，这个社会似乎越来越危险，越来越不受我们的控制。一旦踏入社会，我们的孩子将面临各种未知的挑战。

每一位孩童和青少年都将面临的挑战有：

- 在生活中学会站稳脚跟、自我控制和独立自主。
- 接受挑战，并衡量其中的风险，以便培养自信心。
- 能够从自己所犯的错误中吸取教训。
- 面对困难时不惊慌失措，能从自身发掘应对此情形的能力。
- 建立自己坚定的自尊。
- 训练自己，为掌控人生做准备。

- 不断前进，保持好奇心和活力，让自身存在的生命力量不断驱使自己。

父母面临的挑战则是指引孩子、教导孩子，让孩子成长。

独立，是一个关于教育、爱和信任的问题。

本书旨在配合父母的教育，给予父母具体的参考范例，以帮助他们做出正确的决策。本书提供的交流方式，和我在心理门诊的实践非常类似，其目的在于帮助父母：

- 鼓励但不强迫孩子成长。
- 了解独立并不只是独自吃饭和玩耍，知道独立关系到孩子的一生。
- 了解自己的情绪。
- 减少和孩子在“何时独立”及“怎样独立”这两个问题上的冲突，鼓励孩子，信任孩子，放手让孩子去做。
- 安全地“放松缰绳”，逐渐张开臂膀，然后打开大门……

从孩童时期到青少年时期，孩子能否获得独立很大程度上取决于父母。本书的理念能很好地帮助作为家长的你从精神和物质层面上来支持孩子独立，让孩子成长，然后让孩子远离——这些是所有教育的目标。它们是充满爱的行为。

第一章

正确理解独立

让孩子成长，
让孩子离开

1 了解什么是独立

独立就是人们自己赋予自己的法则，
而不是只接受来自大自然或外部权威的法则。

——社会学家 安托万·斯皮尔

独立的最佳定义是，个体在不参照权威、上级或中央权力的情况下做出决定。对孩子而言，“中央权力”就是父母和老师。在不久的将来，“中央权力”会变成社会本身。所以当孩子能独自对与自己相关的事情做出决定时，他就独立了。独立的孩子不仅能自己做出选择，还能把选择转化为行动，并能承担行动所产生的结果。

这个定义的标准非常严苛，孩子需要很长时间才能达到。

在学校教育领域，“独立”侧重于“独自做事的能力”，更多是指在饮食、穿衣和游戏等方面的独立。

一个动态的过程

独立是一个漫长的过程，它永远无法尽善尽美，永远无法宣告结束。从出生的那一刻开始，我们就在为独立而努力，比如婴儿顽强地想要控制自己身体的动作；直至成人的整个阶段，我们都在持续地为独立而努力，竭尽所能地谋求生计。然而即使身为成人，谁又能说我们不依赖任何人，也不受任何中央权力（无论这个中央权力是由国家来代表，还是由所有个人义务或职业责任来代表）控制？最终，我们好不容易得来的独立也会随着年龄增长而逝去，这也是所有依赖性强的老年人的问题，他们就是失去了可贵的独立的人群。

一种自给自足的能力

我们所说的“幼儿的独立”，其实是指幼儿能自给自足，或者自我照顾的能力，也就是说幼儿在饮食、着装和卫生方面能够自理。幼儿的独立和他的身体发育情况有很大关系，例如，随着身体的发育，孩子才逐渐能够拿住勺子、独自穿衣或在想撒尿时独自上厕所。这时“独立”的概念和“自主”非常接近。

我还会加入一条——在心理方面能够自我掌控，比如，他可以一个人玩，可以一个人在卧室里安静地待上一阵儿，或晚上可以独自在床上安然入睡。所有这些能力对孩子都很重要，甚至是必不可少的，因为孩子有了这些能力，便可以将自己视为“既独立又能干的个体”。

一点需要注意的事项

在我们所做的调查中，家长们一致认为，独立是孩子最重要的能力，排在其后的是责任感。也就是说，我们期待着孩子能够又快又好地学会自己解决问题。如果孩子能在放学后自己照顾自己，能提醒父母家里的牛奶快喝完了，在妈妈忙的时候帮忙记下电话留言，在妹妹洗澡时能帮忙留个神，那该多么令人欣慰啊！

希望孩子独立是没错，但请**注意不要让孩子成长过快，也不要让他们过早地承担责任**。孩子在成长的过程中需要别人的照顾和关心，也需要有人陪伴。总之，家长在孩子的教育中不能缺席。

2 了解独立的机制

幼儿最常说的几句话里，总是有这句——
“我自己来”。

独立并不是单一的演变过程。我们需要把它看作一条双行道，因为我们有两种看待独立的方式：父母的方式和孩子的方式。

我们鼓励孩子的“独立”

对于孩童：我们要求他们独自穿衣、独自吃饭。因为早上我们在准备上班时，他们这么做可以让我们省不少心。我们要求他们控制大小便、保持干净，因为这比给他们穿尿布要省事得多，而且也符合幼儿园的要求。我们还能给出很多类似的例子。

对于以上这些方面，父母可能会过度要求自己的孩子，即使孩子常常因为年纪太小还没做好准备。要知道，如果过于催促孩子，最终往往会适得其反，比如，让你在工作日的早上出不了门……

对于青少年：我们要求他们收拾卧室、整理衣服，让他们在没有人监督的情况下练单簧管和做完作业。此时，父母可能会遭到孩子的反抗……这并不是因为父母对青少年的期待大于青少年的能力，大多是因为青少年懒惰、缺乏良好习惯和对努力没有兴趣。

孩子从我们手中夺取的“独立”

孩子在孩童期特别喜欢争取独立，即使他还是婴儿，即使他还处于只会把土豆泥弄得满脸都是的年龄，他仍然想从成人手中拿到勺子。有时，孩子的意愿很难被父母接受，父母觉得他们代替孩子做这些事更有效率。其实，这并非明智之举。因为如果父母这样做，以后只会让孩子花更多时间去学习做这些事。

孩子争取独立的动力，源于他们想要自己做。

他们想自己做作业，自己选择朋友、活动，自己决定睡觉时间，日后还会想自己选择出行地、制定预算和安排假期。

父母鼓励孩子一个人安静地睡觉，却不接受孩子自己决定睡觉的时间。父母是不是应该统一标准呢？

大多数青少年都处于这种状态：想要冲破管教的牢笼，用尽全力去突破父母对自己的限制。

3 独立不是一条直线

治疗不成熟的特效药只有一种，就是时间的流逝。

——精神分析大师 唐纳德·温尼科特

孩子拥有争取独立的自发冲动。孩子在走向独立的过程中，如果没有遇到过多的阻碍，而且孩子得到了良好的陪伴和支持，他就能按照自己的节奏走完这段旅程。然而，不同的孩子所面临的旅程似乎也会不同，有的顺利，有的曲折。

独立不是一条直线：孩子在取得独立的过程中可以前进，也可能后退；他时而徘徊等待，时而回首过去。家长认清这一点是非常重要的。

当奥德找回小兔兔时

10 岁的奥德在柜子里找到了她妈妈 6 个月前藏起来的毛绒玩具，并且要像小时候那样抱着这只毛绒兔子睡觉。妈妈注意到这件事，虽然惊讶，但只是说了一句："哟，小兔兔，好久不见！"奥德放心地睡着了。既然妈妈全盘接受，那她这种重温旧习的行为就不值得焦虑。她可以继续按照自己的节奏、自己的方式安静地成长。如果她的妈妈说了类似以下的话语，情况才会变得麻烦："你又要和这个旧玩具一起睡觉了？你已经长大了，只有小宝宝才和玩具睡觉！"被父母推着长大，奥德可能会因此心生忧虑与困惑。我们绝不能让孩子感到父母在强迫自己变得更成熟。

很多父母担心孩子的能力倒退，好像一旦出现退行，孩子就不会再前进一样。其实，退行是暂时的。我们可以这样理解孩子的退行：

- 退行有时是孩子在跨越一个重要阶段之前的喘息，比如孩子即将进入小学或初中时。
- 退行是对倦怠、疾病或过度劳累等状态的回应。
- 退行也是某个重大进步的反弹，或者是对某种新责任的抵触，也是孩子重振精神的一种方式。
- 有时，孩子会用退行来对抗似乎更受宠的小弟弟或小妹妹。
- 最后，退行可能是孩子在向父母传达以下重要信息："我还小，我还需要爱抚和保护，我有点儿害怕长大。"

孩子通过退行稍作休息，重新注入能量，然后再次上路。到那时，他坚定的态度将会消除父母的任何忧虑。**成长、成熟和独立，就是向前走三步，再向后退两步，然后往旁边走一步，接着加快一步，还要停顿一会儿……**如果每个孩子的成长都是持续向前、步调一致，那的确会更让人安心，至少成长的标志非常清楚，但事实并不是这样。

孩子的成长是从两个方向发展的：

- **扩展**——源于孩子的好奇心和求知欲，它们推动孩子前进。
- **收缩**——源于孩子处于自己已认知的事物中时所产生的安全感和舒适感。

如果孩子感到安全，那么"扩展"就会占上风。所以，对待孩子，要像对待玫瑰枝或番茄苗一样，不能揠苗助长……

4 你是否准备好了

当我意识到自己不再是一个小宝宝的妈妈时，我很悲伤。
我再也不会被无条件地爱着，我再也不是我女儿的“一切”。
虽然这种变化很正常，但我还是需要去适应……

——一位母亲

不管孩子处于什么年纪，我们似乎都很难让他走远。很多父母都有过类似的经历：

- 在孩子幼年期以后，仍和孩子睡同一张床或同一间卧室。
- 在孩子第一次去托儿所或学校时，难过地流下眼泪。
- 在孩子能独自洗澡和穿衣后，仍继续给他洗澡、穿衣。
- 从不离开孩子半步，哪怕一个周末都不行。
- 不断告诉孩子他还太年幼，不能做这不能做那（不能去朋友家睡觉、不能骑自行车上学等）。
- 害怕孩子的青少年时期到来，因为它标志着要和孩子保持距离。
- 担心自己看不见孩子长大。

看着自己的孩子一步步远离，这的确很难。我们生下孩子，就是为了每天去照顾他，让他近在咫尺。我们让孩子在自己的羽翼下备受呵护。我们担忧着孩子，保护着孩子。当孩子接近青少年时期，我们却发现，自己需要改变为人父母的方式。

教育孩子，让孩子更好地远离

这不正是一切教育的最终目标吗？我们帮助孩子，让他们负起责任，能够自给自足。换句话说，就是让他们足够独立，能够离开我们。

然而，从情感层面来讲，这项工作很困难。从未有人像现今的父母一样，在教育孩子时如此投入，如此想要规划好孩子的未来。但是，父母们也从未如此不确定，因为他们所接受的建议是前后矛盾、模棱两可的。社会前所未有的危机丛生，未来前所未有的飘忽不定。父母不可能只依靠他们自己曾接受过的教育：几十年来，世界早就发生了翻天覆地的变化，同样的规则已经不再适用。

传承，就是给予工具，培养学徒，让他离去

每个父母都应对自己所扮演角色的重要性和目的性充满信心。只有这样，我们才能张开双臂，迎接孩子的成长。你可能需要自问以下几个问题：

- 谁没有准备好下一步？是我还是我的孩子？
- 我给予孩子自由空间时，是充满焦虑还是相信孩子的能力？
- 当我回忆起孩子年幼之时，也就是孩子更加依赖我的时候，是否有些伤感？
- 在我眼中，他是不是一直都是小孩？就算他 10 岁了，也还是“我的宝宝”？
- 在孩子获得独立后，我有何感想？为他和自己感到骄傲，还是为失去自己的角色而伤心？
- 当我注意到，在某些方面孩子已不再需要我的时候，我是否感到被遗弃？

提出这些问题，是为了让你思考，而不是让你带有负罪感。

5 控制你的焦虑

如果孩子由焦虑的人抚养，孩子就无法自由地表达出
自己的需求、兴趣和主见，也无法自由地行动。
焦虑的母亲让她的孩子对危险深信不疑。

——弗朗索瓦兹·多尔多

和总在焦虑的家长一起度过童年，孩子将形成与家长相似的性格。“世界很危险”的观点会阻碍孩子前进的步伐。

过多保护无益

你可能认识这种类型的家长：他总是在杞人忧天；他强迫孩子多穿衣服，避免着凉；他不让孩子攀爬，害怕孩子摔落；他和孩子形影不离，谨小慎微；他监督孩子做作业，控制孩子交友，责备孩子的主张，限制孩子的计划。

这是一位“好”家长，他想要为孩子“做任何事情”，但事实上，他做得太多了，反而让孩子窒息。

焦虑的家长，对孩子过度保护。他向孩子传递着一个信息：世界危机四伏，陷阱重重。在这样的世界里，孩子无法按照自己的需求和兴趣自由成长。这抑制了孩子的身心发展，也阻挠了孩子的进步。

如果另一位家长更加放松，他可以抵制这种占领了孩子生活的焦躁情绪，那么孩子就能从这位家长身上寻求支持。

当然，让所有父母，尤其是焦虑的父母去默默支持孩子尝试获取独立，是非常难的。谁会不愿意让孩子避开所有错误、所有伤害呢？

但是，只对着抱枕打拳的人，成不了拳击手！

给焦虑父母的建议

- 咨询心理医生，让他帮助你看清自身的心理机制。在专业人士的帮助下，你会更冷静地回顾自己的过往，能够反思自己的行为方式。
- 让家中其他成员或教育从业人员按照他的方式去照顾孩子。他的方式肯定与你的方式不同。此行为对每一个人都会产生积极的影响。
- 面对孩子的进步，最让人放心的行为就是保持镇定和支持。你需要朝这个方向努力，虽然这可能很难。幼儿对真切的情感非常敏感，他们可以分辨什么是假装的情感。

家庭气氛至关重要。某些家庭剑拔弩张，矛盾重重。某些家庭安宁祥和，十分宜居。焦虑的家长需要注意保护平静、有人情味的家庭氛围。当孩子准备好去经历生活的时候，他会从这样的氛围里得到自己所需要的信任和安定。

6 尊重孩子的节奏

不要鼓励你的孩子去做他还没准备好的事情，
否则只会让孩子失败或犯下错误。

孩子的节奏和父母希望孩子采用的节奏常常不同——我们的社会表彰所有形式的“先人一步”，尤其是孩子的“先人一步”，但这样的超前并不代表平衡的发展。人们只有在站稳脚跟并坚决依靠自身经验的时候，才能变得独立。

想象中的孩子，真实的孩子

很多父母认为，他们遇到的最大的困难，就是他们梦想中的孩子和真实的孩子之间的差距。即使父母通常不愿承认这个差距，但从父母的失望中也能看出来。

并不是说孩子不杰出，只是他不是我们想象中的那样。他是另一种样子，他是他自己。父母在脑海中形成自己想象中的孩子，一个他们眼中理想的孩子。想象中的孩子并不是完美的，他只是适合这位父亲或那位母亲的孩子。不过，迎接真正的孩子，父母就必须放弃想象中的孩子。某些父母很快就被迫放弃了想象中的孩子，或许是因为真实的孩子有残疾，或许是因为他们本来想生男孩结果却生了女孩，还或许是因为孩子常常大哭不止，让人不知所措……而对另一些父母来说，放弃是一个逐渐的、漫长的，又非常困难的过程。

每个孩子都有自己的风格

尊重每个孩子的习惯节奏，是父母职责的一部分。信任自己的孩子，就要耐心地对待他，尊重他的发展。我们希望他可以独立、善于应对，但他只是一个跟随自己节奏前进的小孩。孩子在某个方面超前，并不是什么值得夸耀的事；他在另一方面进步缓慢，我们也不必为此而感到羞耻。

对于年幼的孩子来说，每个人的发育节奏往往不同。更早学会走路的孩子可能更晚学会如厕，很晚才会说话的孩子可能更快地学会拼图。我们总是用同样的“可见的”标准去衡量孩子的发育：他能走路，他不用穿尿布了，他会写自己名字，他能数到100……事实上，这些行为只是孩子内在的、更重大也更隐秘的进步的结果。例如，学会如厕，标志着孩子意识到自己身体的内在运行等。所以，并不是所有的东西都能直接“可见”。

我们常常希望孩子做一些超出他们年龄或发育水平的事情，但这一点恰恰打击了孩子的自信心。孩子想取悦父母，但又感觉能力不足。我们最好是等到孩子准备好时，再让他按照自己的节奏，逐渐获取下一项能力。

孩子的成长是一个循序渐进的过程。我们不能专断地去制定任何规则，除非我们想承担伤害孩子的风险。

请快乐地享受这一阶段，把一切交给时间，相信耐心带来的好处。最后，千万不要拿自己的孩子和别人家的孩子做比较！

7 信任孩子本身

你的儿女，其实不是你的儿女。
他们是生命对于自身渴望而诞生的孩子。
他们借助你来到这世界，却非因你而来，
他们在你身旁，却并不属于你。

——纪伯伦

相信自己的孩子，相信他的能力，相信时间……为了让孩子成为他自己，以上几点至关重要，比强迫孩子走一条不适合他的路重要得多。**独立，就是让孩子找到自己的路。**

孩子不必“迎合”父母的规划

父母都会对自己的孩子有所规划。我们想要这个孩子做工程师或医生，那个孩子做数学老师或作家……甚至在孩子出生前，我们就梦想着并相信着这个孩子或那个孩子会继承家业，或会做学问，或会做音乐。

父母对孩子的期待通常是为了“弥补”自己过去未完成的事项。因此，父母会在无意中按照自己的需求去引导、教育孩子，而不是按照孩子的需求。

为孩子所选的名字也是父母对他制订的规划和他在父母心中形象的依托。女王或演员的名字，爷爷的名字或少见的名字……然而，父母应该知道的是，孩子不是让你贴近自己的梦想的，他本身是杰出且独一无二的。

接受信任，拒绝限制

如果父母制订的计划很有限制性，它可能会将孩子封闭在一个不属于他的前途当中。孩子不是父母欲望的折射。在孩子的围嘴上绣“理工大学”或给孩子买 19 码的芭蕾舞鞋，根本就没用。

父母这种不一定会清楚表达出来的限制会成为孩子长期的压力。如果孩子走上父母为他铺好的路，他可能永远都找不到自己正确的位置。他将成为父母希望的样子，按父母的计划去读书，但代价是他的心理结构十分脆弱。

如果孩子未能成功，其损失可能是巨大的。无法走上他人指引的路，孩子会认为错误来源于自己，是自己能力不足……孩子很少会质疑父母的计划或过高的期待（必须做得更好、更多）。他会质疑自己，因此破坏对自我的尊重。

如果父母把梦想中孩子的位置让给现实中的孩子，让给他自己的规划、他自己的个性，那么孩子就会产生积极的动力。孩子会获得自信，因为父母相信他有能力。

信任孩子本身，信任孩子自己的前途。如果你 8 岁的女儿告诉你：“长大以后，我要成为总统。”你可以这样回答：“如果你真想做总统，当然可以！你肯定会是一个好总统。那你说说，你要制定什么新法律？”

独立的几大阶段

8 留意主要阶段

每个孩子的发展模式都值得尊重，
但他们都会经历同样的阶段。

独立的获得，需要一步一个脚印。

以下为孩子独立过程中的几个主要阶段（给出的年龄为平均年龄）。

1 岁：行走

行走是孩子独立过程中的第一个重要阶段。孩子在不能移动或只能依靠爬行而移动时，他就只能依赖成人去满足自身欲望。在家中，他必须等着别人给他送来食物或玩具；在外面，他只能被“关在”婴儿车中。从会走路的那一天起，宝宝就开始不断进步。他可以去自己想去的地方，可以跑着离开，还可以拿柜子里的东西……他（和父母）的生活改变了！

1 岁半：说“不”

婴儿进入这个阶段时，就会要求独立。和上一阶段相同，这种独立不止是生理上的，也是心理上的。对父母的要求说“不”，可以既快捷又简便地对父母传递以下信息：“你们给你们自己拿主意，但不要替我做决定，你们也要关心我喜欢什么，不喜欢什么。”这就是孩子欲望和意愿的独立。

2 岁：卫生和语言

广泛意义上的卫生——控制大小便和独自洗漱——是孩子身体独立阶段的重要标志。孩子在学会往自己嘴里送食物后，会将自己的身体照顾得越来越好。他通过自己的方法，像母亲对待自己一样照顾自己。

学会使用语言是孩子把自我定义为“独一无二的、拥有自己的欲望和意愿的人”的重要步骤。

3 岁：入学

进入学校学习是孩子社交的开端。入学后的孩子有着只属于自己的一部分生活，这部分生活不受父母控制，他可以只向父母讲述自己愿意讲的部分。他独自选择朋友、管理社交关系。

7 岁：理性思维时期

孩子在七八岁时，他的能力、思考方式和行为习惯都会有所变化。他变得“理智”，也就是说他使用理性思维来扩充自己的思想。他会做出更多有关自身的选择，并开始承担责任。他有着强烈的求知欲，越来越自如地应对事物。

青少年时期：要求得到自由

这个时期，父母仍有时间向孩子传达社会的奥秘，教给孩子规则和本领。青少年要求得到自由，父母必须渐渐地打开大门……

9 参与孩子的自我建构（0~2 岁）

了解独立的路线和阶段，我们才不会迷失。
小孩的大事，就是成为自己，并能远离他人。

基本的信任是孩子未来转变的强有力的支撑，有了它，才有独立。

从孩子出生那一刻，信任就开始构建。新生儿完全依赖照顾他的成人，他独自一人是不能满足自己任何需求的，包括食物、温暖、呵护等。因此，他感到不适时就会哭闹。孩子的哭闹声可以这样理解："我到了什么样的世界？我可以信任这个世界吗？"父母必须用合适的方式来回答孩子的这些问题。

孩子接受的悉心照料越多、越慈爱、越愉悦，你就能从孩子身上看到越多的独立信号。外部环境对他来说，也会变得安全、可预测、可理解。

独特的存在

婴儿在 6~8 个月时，意识到外部世界和自己是不同的。他开始害怕分离，因分离而感到痛苦。维护婴儿基本的信任，就是在他的周围创建温暖并安全的氛围。我们不能让他在离家或母亲很远的地方停留过长时间。另外，我们必须继续花大量时间与婴儿做游戏，和他们进行肢体接触。

在这个阶段，孩子可能会特别依赖一个"玩偶"，它可以是孩子选择的毛绒玩偶、布偶或其他东西，心理学家将其称为"过渡性客体"。渐渐地，孩子会越来越珍视此物体，它可以安慰孩子、帮助孩子、让孩子放心，并能让孩子有安全感地远离母亲。

选择“玩偶”是孩子独立路上的一个标志。虽然母亲不是唯一能给予孩子安定的主体，但在孩子自己还不能完全安定时，“玩偶”便成为两者之间的过渡。

监督下的自主

孩子在 18 个月 ~ 2 岁时，逐渐走入幼年时期。他会自在地走路，一个人吃饭，探索周围的一切。他想一个人做事，做所有决定。这个过程中不可能没有冲突。

孩子的逆反行为变得非常多。这种强度的反抗在孩子青少年时期才会再次出现。但是，孩子的反抗是一个好现象。它证明孩子在发育，在追求面对他人时的自我肯定。

父母在面对孩子这些自主和个性化标志时的反应十分重要。他们会接受孩子在不断成长，不再是婴儿吗？他们会支持孩子的探索，鼓励他进步吗？还是他们会小心翼翼地限制孩子的好奇心，并把他留在身边？

孩子在接近 2 岁时非常调皮，因为他正在经历一个微妙的过渡时期。他想理解、管理“世界”，也就是家庭的规则。为了得到清楚的答案，他会打破砂锅问到底。请你回答他的问题，这样会让他感到安全。

只有清楚、稳定、斟酌得当，适合孩子年龄，坚决又温和的规则，才能给予孩子所需要的稳定的成长环境。**任性的孩子并不是被宠溺的孩子，他只是一个不幸又焦虑的孩子**。让孩子感觉到他周围有比他更强大的、知道自己在干什么的成人在保护他，才能让他放心，才能帮助他从危险中安全地进行自我建构。

10 支持孩子的自主意识（2~5岁）

他们想要快些长大，所以大声呼喊。
但他们知道，其实自己还小！

幼儿园时期的孩子似乎非常厉害，他们好像已经准备好脱离父母的手掌心。他们不断前进、肯定自我、否定父母……然而，无论表面现象如何，他们都不确定自己是谁，也不确定自己在做什么。尽管他们尝试着向他人强加自己的意愿，但他们知道自己还很脆弱。

感到自身有意义、有能力的幼龄孩子能更好地成长。因为他没有太多挑衅外界的需求或被外界认可的需求。他受到的各种影响也更少。但同时，他也需要父母的帮助。

被认可的需求

认可孩子的需求有几种不同的形式：

- 我们建议父母接受孩子的情绪，虽然做到这点很难。孩子有生气、失望、嫉妒的权利，也有不喜欢自己的妹妹、想要新玩具的权利。与其告诉孩子他不应该有这样的情绪，不如教给孩子一些在社交层面上更容易让人接受的表达自己感情的方式。
- 我们可以让孩子做一些与他自身息息相关的决定。当然，让孩子自己决定睡觉时间，或让他擅自决定只吃面条，在12月穿凉鞋，是不现实甚至让人惶恐的，但我们仍然可以给他一些空间由他自己来做决定，这样有利于培养他的自信心。他可以选择穿蓝色毛衣还是绿色毛衣，吃苹果还是吃梨，画画还是拼图，去不去掉自行车后面的小轮。

- 孩子难免会做傻事，但通常情况下，他们觉得自己做得对或者并没有意识到自己的行为所带来的后果。我们应该像重视事情的结果一样，去重视孩子的意图。

孩子如果犯错或做傻事，**我们必须只针对错误的行为去进行批评，而不能针对孩子，因为他就是他，他就是这个年龄的孩子**。

有能力的感觉

孩子只有感觉自己有能力以后，才能独立。让孩子感觉自己有能力，我们有两条路可以走：

- 简化孩子的生活——让独立变得更容易，孩子也会因此而自豪。把孩子的玩具收拾好，放在可以轻松拿放的大篮子里；选择他容易穿的衣服；在洗手池前和洗手间里安置脚踏板；在他所有右脚的鞋子里贴上红色标签；装一盏他躺在床上也能轻易够到开关的床头灯等。
- 给孩子安排一些让他感到开心和自豪的任务——根据孩子的年龄，让他参与不同的家务，比如，爸爸或妈妈在修理物件时，可以让他帮忙拿着工具；请孩子一起用大块海绵洗车……交给孩子一些他可以胜任的事，能让孩子获得成功。表扬孩子所做事情的结果，能让他感觉自己是一个有价值的人，从而产生做更多事情的意愿。

11 陪伴孩子社交（6~11 岁）

孩子的良知和他的道德标准同时出现：
正义感、换位思考和对他人的关心。
管理与他人的关系变得更为简单。

6~11 岁是一个过渡时期。孩子将获得自主，朋友变得更加重要，外部世界也更加吸引他。在孩子从家庭的“茧”中破壳而出，到多样化的环境里去探索的过程中，父母应扮演非常积极的角色。培养孩子的独立，就是让你的孩子在恰当的时机与你渐行渐远。

家，生活的场所

在孩子建构自主能力的过程中，他们和父母亲密且持久的关系必不可少。当今社会，家庭的稳定性在下降，离婚数量以及单亲家庭抚养的孩子的数量每年都在增多。当父母工作时，孩子常常单独在家，他看起来非常自主：他能独自吃饭、独自上学、独自做作业或者看电视。但请注意不要让这种独立浮于表面！孩子管理自身的能力并不仅仅是物质层面的。

因此，在这几年里，我们必须给予孩子足够的陪伴和支持。

- 每天花一些时间和孩子交流。话题可以多种多样，例如，他在学校干什么了，和朋友们做什么了，以及他感兴趣的东西、新闻热点等。你可以从习惯性的句子开始：“今天发生了什么让你开心的事情？”“有不开心的事情吗？”这段日常交流的时间不可或缺。

- 周末和孩子一起分享你们的兴趣爱好，也可以从孩子六七岁起，给他报名参加一些课外活动，让他有机会能在暂时离开父母的情况下远行。孩子逐渐适应了和父母分离，这样有利于他获得独立，也有利于孩子发现新事物，提升他面对不同情况时的应对能力。

学校，发展独立的场所

孩子在学校里度过他一天中的大部分时间。进入学校甚至代表着孩子首次真正地和家庭分离。因此，学校对孩子独立的发展有一定的影响。

以下行为有利于孩子的独立：

- 清晨尽早起床并叫醒孩子。让他有时间静静地穿衣和吃早饭。早上上学不应该在紧张的气氛中进行。
- 请经常和老师联系。多花时间和老师对话。向老师咨询孩子在学校的表现，以及他可能在学习或生活上遇到的困难。
- 教会孩子自我安排，设定目标并努力实现目标。
- 消除孩子对被赞赏的过度需求。即使孩子的好成绩让他人很欣慰，但孩子也只是在为自己学习。他不需要在别人说他做得好的时候，才感到高兴。比如，你可以跟他说：“你高兴吗？当然啦，你应当为你自己感到骄傲。”

12 迎接“艰苦的考验”（青少年时期）

如果孩子已经拥有独立的基础，
那么青少年时期就是检验这些基础是否牢固的时期。

并不是每一个青少年都对社会或家庭有叛逆情绪，大部分青少年还是平和地度过了这段介于童年和成年之间的时光。不过，所有青少年都会面对一些困难的时刻，这也是他们从父母权威中挣脱出来，取得真正独立的时刻。

父母受到质疑

青少年前期是父母仍然能轻易干涉孩子的最后一个阶段。虽然孩子的思想还不成熟，但开始逐渐变得丰盈。

前一天孩子还在把父母理想化，到了第二天，孩子对父母就只有尖酸刻薄的批判。青少年的这种行为，能让家长和他们产生更多的对话。虽然父母很难直面孩子这种既突然又毫无论据的质疑，但归根结底，这种质疑很珍贵。

一些青少年有自我封闭的趋势，或者有发展家庭外生活的趋势，他们与父母的交流大大减少。他们也表现出保护隐私、找寻自我、远离父母影响并进行自我建构的需求。陪伴青少年实现独立是非常复杂的任务，当今社会缺少相关常规和习俗，对此给不了多大的帮助。

巩固安全基础

对青少年而言，渐渐地，朋友获得更重要的地位，甚至可能会代替家人的角色。青少年在同伴中寻求自己的影响力和参考者。

青少年遇见不同情况时的应对方式，主要取决于他的内在安全感和他的自身经验。青少年越独立，就越有可能去拒绝第一支烟、第一杯酒。

在这个阶段，父母还可以扮演什么样的角色？

- 在尊重孩子隐私和个人生活的前提下，保持和孩子的联系。在这个阶段，孩子的卧室成为个人的、私密的场所。卧室就是他的蜗居，保护着他。我们需要尊重这个空间，让孩子去装饰这个空间，并在这里招待朋友。
- 我们完全可以清楚地回答孩子关于时事、两性等方面的问题。让孩子知道我们欢迎所有对话，并不害怕交流。但不要试图不惜一切代价地了解他不想告诉我们的事情。
- 向孩子询问他喜欢的东西，真诚地关注他的朋友，去了解他喜欢的音乐、电影或书籍。请保持关注但不评论的态度，就算我们会为孩子童年的远去而伤心……
- 在孩子需要我们的时候，请随叫随到，其他时间里，请守候在一旁并耐心等待。我们将见证孩子走出童年的最后一场艰难的战斗。之后，孩子将开始进入成人时期，而这种变化也不一定很容易实现。如果我们一直尊重他做出的选择并鼓励他独立，那么这位未来的年轻人将会逐渐找到自己的职责并承担起这种职责。

第二章

种下根基

爱是基础

13 无条件的爱

接受孩子真实的样子，很好。

不管他做什么，都会爱他真实的样子，更好。

孩子只有感到自己被无条件地爱着、被温柔地珍惜着，他才能变得独立。他会明白，他不用去取得成功、去获取财富或地位、去证明自己，就能得到父母的爱。他不必“配得上”别人对他的期待。

确定被爱

孩子全面、独立的发展主要依赖于他确定自己被爱。这就意味着，孩子应该感觉到自己被父母无条件地爱着，就算他很调皮，就算他每晚会醒来十几次！

不确定被爱的孩子会花费大量时间去检验父母对他的感情。他的行为举止很多时候是在试探自己是否会被抛弃。父母必须能够如此回应：“不管你做什么，我都爱你。你没必要走极端。我会一辈子都爱你，因为你是我的孩子。但是，如果你太过分，那你就得去自己的卧室里冷静一下。”

无条件的爱并不意味着把一切都给孩子。要求也是爱的一种形式。但是，**孩子应该感觉到父母对他的感情并不取决于他的行为**。

足够的关怀

对于幼儿来说，爱和关怀是两个近义词。他发现自己吸引了足够的注意力，别人在他身上花了足够的时间时，他才感觉自己被爱。

和孩子讲话，在孩子表达时倾听他的话语，尽可能重视孩子的意见，尊重孩子的感情和欲望，都是能让孩子感到自己被爱的行为。

你给予孩子的关怀在一定程度上决定了孩子的自尊：如果孩子排在你的工作、朋友、义务、家务之后，那么他很难把自己看作重要的人。

有条件的爱，让孩子感到不安全

孩子的本来面目，也就是孩子不用做特别的事情时的状态。当孩子感到自己的本来面目不被接受时，他可能产生焦虑的反应和孤独的感觉。如果他的愤怒、叛逆等负面情绪被他人拒绝，他可能会压抑自己，却不一定懂得如何管理这些情感。如果孩子缺乏他人的温情和肯定，最后他就会感觉自己“不适合”。

这种内部的“物质流失”会波及孩子的性格和未来。其中的风险就是孩子为了让自己感觉被爱，会倾向于做出取悦他人的选择，而放弃自己真正的选择。

相反地，无条件的爱，赋予孩子个人价值观。孩子不会把自己看作失败品。他不会因为成绩不好，就感觉自己无能，也不会害怕把成绩告诉父母。他知道成绩好坏并不影响父母对他的感情。

14 不要评判你的孩子

一项匆忙的判决往往是不公正的。

——伏尔泰

对于幼儿，他的父亲和母亲就像神一样：他们是不会犯错的！他们对孩子的评判被孩子一字一句地听进去，且从不被质疑。这也正是父母轻易评判孩子的巨大害处。

孩子从我们的目光中看自己

我们投向孩子的目光，可以被看成伤人的评判。我们往往只看到让人失望的成绩，却不重视孩子，不重视他做出的努力，不重视他对我们的爱。

有个小孩正在聚精会神地给妈妈画世界上最漂亮的画。在他高高兴兴地去向妈妈展示图画时，不小心打碎了放在桌上的杯子。“哎呀，你真是笨啊！我告诉过你多少次，不要在家里乱跑！”孩子骄傲地去展示图画时，肯定没料到自己会受到这样的批评……

言语很重要，肢体语言和语调也很重要！

除了父母说出口的言语，粗鲁的动作和反对的目光也可能是对孩子的负面评判。相比于言语本身，幼儿对肢体语言更敏感。

说话时的语调也很重要。嘲讽的、有攻击性的语调，鼓励的、温柔的语调，放在同样的词语上，可以造成不同的效果。

评判行为，不评判孩子

我建议大家只谈论面对孩子行为时的感受："你这样叫的时候，我耳朵疼。""我打电话的时候，你不停地打扰我，这让我很生气。"而不是去评判孩子个人，给孩子贴标签："你真麻烦！""看来，我们不能信任你！"

像后者这样消极的评判，会让孩子失去对自身能力的信心。而如同前者的评判，孩子的价值并未受到质疑，孩子也明白他需要改善自己的行为。这才是教育的目的。

即使是对孩子本身积极的评判，也比不上父母对孩子的行为所产生的看法更有效、更有建设性。

- 对孩子来说，"你真乐于助人"远远不及"你帮我准备晚饭，真的是帮了我大忙"有意义。
- "你很有品位"不如"我喜欢你的裙子和围巾的搭配"。

你把责任归结在谁身上？

归结责任很简单，包括以下两点。

- 如果孩子成功了，那是多亏了他自己："真棒，你们打了一场精彩的比赛。你的几次灌篮都很有难度！"
- 如果孩子失败了，那是有"其他原因"影响了他的行为，但他自身的价值并不应该受到质疑："好吧，你们输了比赛。但我必须说，最近几周你们训练的时间不多。"

15 把孩子看作独一无二的存在

爱，就是不再比较。

——贝尔纳·格拉塞

孩子需要把自身看作独一无二的个体、与他人不同的个体，才能稳定地进行自我建构。这一点毋庸置疑！

不把孩子和别人比

孩子希望我们喜欢他的本来面目，也正因如此，所有的比较都是危险的。从根本上来说，比较是一种错误：通过唯一标准去比较两个在其他标准下完全不同的孩子，本来就既荒谬又不公正。

而且，比较毫无益处。不管是和某个表亲、邻居的儿子、班里的同学比，还是和像他那么大时的你自己比。

- 如果总是负面的比较（"邻居家的孩子只比你大 1 个月，都能数到 20 了""你托儿所的同学都能自己上厕所了"），那么很显然，它破坏孩子的自信。孩子还那么小，就已经让父母失望了。
- 如果总是积极的比较（"你画的画是全班最好看的""你比你所有朋友都漂亮"），它会促使孩子做出傲慢的行为，从而让他变得不受欢迎。另外，孩子很难保持同样的水准，也很难面对压力，最后还是会有损他的自信心。

更不要和兄弟姐妹比

当孩子独自面对父母时，他就是被关注的中心，他独自占有着父母的心。而他迟早会发现，他只是家里孩子中的一个，和其他孩子平起平坐。

无论孩子是不是家里年长的孩子，这个发现对他来说都是很别扭的。人们常说，年长一些的孩子容易嫉妒，他们无法接受弟弟妹妹的出生。但大家是否注意到，新生儿有时会停止吃奶，就因为妈妈在对其他孩子说话？家里的每一个孩子，甚至是老小，都想做爸爸妈妈心里的唯一。

孩子不仅应该接受世界并不围着他转的事实，而且还要接受父母的爱和注意力被分享的事实！这是对孩子自信心的严峻考验。

父母的责任在于给每个孩子一个位置，让他在这个位置里接受父母的爱和关心，从而让他感到安心。**公平并不意味着给每个孩子一样的东西，而是根据每个孩子的性格和需求去对待他们**。

给每个孩子一种特别的关怀，就是向孩子展示他的重要性和他的意义，这有助于培养孩子的自信心。

兄弟姐妹间的比较会带来灾难性的后果。负面的比较伤害孩子的自尊；积极的比较激发兄弟姐妹间的竞争。所以，我们应该向每一个孩子表示我们爱他，爱他的本来面目：他是独一无二的，他现在是这样，以后也永远是这样。**接受孩子的本来面目，不比较，鼓励他做到最好，才能让孩子接受自己，发展自己真实的个性**。

16 确保孩子在交朋友

在学校里，我看见最悲惨的事情，
就是在休息时间，一个独自溜达的小孩，
从一群人里飘到另一群人里，
试图融入他们，但又被所有人拒绝，
最后他只能一个人坐在楼梯间，
等着上课的铃声再次响起……

——一位小学教师

为了得到父母的爱并吸引他们的注意，兄弟姐妹间才有了竞争。而在家庭之外，为了吸引老师、辅导员、邻座女孩的注意，也为了建立等级、实施权力关系，**孩子间就有了竞争**。

谁在操纵谁？谁在命令谁？谁负责领导？孩子常常会想到这些问题并付诸行动。此类竞争始于 6 岁之前，而往后的竞争会越来越激烈。

课间休息时的权力关系……

“我再也不和你讲话了。”
“你不把糖给我，我就打你。”
“你好坏啊，走开。”
“你再也不是我的朋友了，现在她才是我的朋友！”

难以处理的情况

每个孩子或多或少都遭遇过这些情况：拒绝、讥讽、嘲笑……他们因此明白这里的规则和家里的不同。友谊并不是无条件的，他们不受保护，需要自己去应对。他们也会痛苦地发现，自己在某一点上，总是不如其他人。

名字滑稽的孩子、身体有不同特征的孩子或拥有和他人不一样特征的孩子，更难在群体里找到自己的位置。

如果在一段时间里，孩子遇到的困难过大，就可能需要成年人介入。在恰当的时机，细心、有能力的成人介入其中，可以帮助孩子理解交流的意义，找到他自己在集体里的位置，得到他人的尊重。

有朋友，更有力量

有时，孩子间的互动让孩子的自信心受到严峻的考验。朋友抛弃了自己，选择了别人，孩子的自信心、自尊心因此而严重受损。但也正是通过这些日常生活中的经历，孩子才学会如何在社会中找到自己的位置。**尽管这个过程非常艰辛，但是只要孩子间有积极的互动，而且孩子能从容应对，那么这个过程就不可或缺**。

鼓励小组学习或集体运动是帮助孩子在群体里找到自己的位置、培养孩子自信心的好方法。在群体内部，孩子不再竞争，而是合作。不论现在还是将来，合作无疑是更丰富、更有利的社会经验。

孩子在学校里交到的朋友并不只是会招来困扰，他们也可以帮助不敢独自去经历或冒险的孩子。见朋友也可以成为孩子去上学、去游泳、去中学或去课外活动中心的动力之一。

17 喜欢你自己

爱自己，就是承认自己是独一无二的人，
就是接受自己所有的部分，包括想忽略的部分，
就是懂得依赖自己作为“不断发展的人”的深层次优点。

想要孩子独立，想要教育孩子在振奋人心的环境下成长，既需要父母爱孩子，也需要父母爱自己。

为什么爱自己很重要？

你的孩子在长大、在发现、在经历，在一点一点地形成自己的个性。而这一切都在你的影响下进行。渐渐地，因为你，他才获取自信心、自尊心、独立……只要你放手让他去做。

但在你因为缺少自信而不敢去冒险的时候，你如何放手让孩子去冒险？在你对自己的意象并不好时，你怎么让孩子有好的自我意象？请想一想：你的孩子，在生命最初那几年，习得你大部分的价值观和你看待事物的方法。如果你给孩子的印象是一个活得自在的人，是一个能相对自如地应对他人和自己的人，那么你就给了他构建自尊的绝佳基础。

如何做到自爱？

当然，想要做到自爱并不简单。但重点难道不是迈出第一步吗？以下是开启自爱旅程的几点建议：

- 学会宽容地看待自己，对自己充满好感，甚至幽默感。
- 你会为了些许的不快而大发雷霆吗？当你想要发火时，请试着一笑了之。
- 在一块饼干或巧克力面前，你完全没有抵抗力，但吃完后你会自责吗？请把它当作礼物送给自己，给自己定一个习惯，每天同一时间吃一块（或者两块）。
- 你有一份苦差事要做，但你已疲惫不堪？给自己一刻钟甚至更久的放松时间。你必须决定休息时间的长短，并严格执行！
- 有时你觉得镜子里的男人或女人一点也不迷人？朝他（她）笑一笑，如果只有你一个人在场，你还可以做几个滑稽的动作。
- 记下你训斥自己的时刻——那些你责备自己比其他人都差的时刻。与其沉溺于过去，不如展望未来。用“下一次，我……”去代替“我本应该……”。

注意！这并不意味着通融。自爱并不是“不理不管”，把所有事都交给明天去办。自爱是找到自己的缺点，管理并“驯服”自己的缺点。我们应该给予缺点一个受监控的自由空间，而不应该和缺点做斗争。

按照这些方法，你可以学会将自己看作“一个好人”，从而尊重自己。同时，你也因此能赢得自在的社交——因为自爱和社交是联系在一起的。

当然，如果有时候，你的孩子所做事情的后果让人有些反感，你也会对其更加宽容。

正确地交流

18 勿用带有伤害性的词语

对邻居说："真想快点开学，约那旦就能早点去上学了。"

对老师说："现在轮到您每天忍他 6 小时了！"

对约那旦说："今晚你好好玩，这样我就轻松了……"

——约那旦精疲力竭的妈妈

独立依赖于自信心。如果孩子感觉自己很丢人、"不像样"，他的自信心就无法形成。在这种情况下，孩子需要使用很大一部分心理能量去修复损耗，而他用于构建生活的能量就所剩无几了。

父母说的每一个词都对孩子意义非凡。孩子不知道你是因为一时的情感冲动而夸大其词，他不知道其实你并不那么想，他也不知道这是一种说话的方式。

父母在生气或厌烦时对孩子说的话，以及父母对孩子说的习惯性话语，都可能会深深地伤害他们。其中某些句子能阻止孩子前进的脚步，也会影响孩子的自信心。这些句子之所以具有毁灭性，是因为它们触动了孩子的敏感之处。

避免绝对的评判和贴标签

"你从不收拾你的东西！""天哪，你永远都不会做到的！"

这样的句子，相当于审判。"从不"和"永远"都言过其实。你可以说：“我在书房里都能看到玩具，所以我很生气。”

“你真的很自私。”“你没有一点画画的才能。”

这些都是给孩子贴的标签。这样的标签是万万不能有的，因为孩子会迎合标签内容——“反正我就这样，为什么我要改变？”

避免威胁和要挟

“你再不来，我就走了！”

当孩子不想离开某地时，父母可能会失去耐心。如果孩子不相信你，那么威胁是无用的；如果孩子相信你，这只会让孩子产生被遗弃的焦虑。

“我告诉你，我会记住你这次做的事的！”

问题应该当下解决。建议你说：“你这样做，我很不开心。但是我相信你不会再做同样的事。”

不要激发负罪感

“我为你做了那么多！”“你为什么让妈妈伤心？”

孩子有着和你不一样的、属于自己的经历和生活。激发孩子的负罪感是很危险的。这是一种孩子在多年之后仍然难以摆脱的情感。

“你害得我都生病了！”“这小孩真是要我的命！”

孩子相信你，这几句话就激发了他的焦虑感和过于沉重的负罪感。

“快来亲一下妈妈，不然我要伤心了！”

亲情里不能有要挟！孩子想和你亲近的时候，自然会和你亲近，而不是因为害怕让你伤心才和你亲近。你想和孩子亲密无间？那就去亲他一下！

民间的智者曾说，在说话之前，让舌头在嘴里转七下。那么**在说出让人后悔的话语之前，先深呼吸**——这不正好能找到更合适的表达方式吗？

19 寻找赋予信任的词语

如果孩子觉得自己无能、差劲、一无是处、不够好，
所以不被爱，
那么，现在是时候给他讲另一番道理了。

孩子吸收他听见的所有东西：周围人的话语，尤其是对着他不断重复的话语，深深地印在他的脑海里。如果这些话语是支持和鼓励他的，他就能铸就信心；如果这些话语全是批评或贬低，它们就会烙印在孩子的记忆里，并伤害孩子的自尊。

父母最常向孩子传达的一个极具破坏性的信息就是："你不够……"

根据不同的情况，这句话的意思可能是：你不够大、你不够机灵、你能力不够等。我们可以在以下句子中找到这些信息：

"等你再大点，你就会明白了。"

"你画的画很漂亮，但你把颜料弄得到处都是。"

"你又打翻杯子了！"

"数学考了 13 分（满分 20 分），还不错，但你还能做得更好。"

"我们不说'我玩了，在公园里'，应该是'我去公园里玩了'……"

"你没必要这么生气！"

"你还没找时间收拾卧室吗？"

"你真的没有学语言的天赋。"

"谢天谢地，你快点长大吧！"

“你又干吗了？”

“别碰这东西，会切到手的！”

……

这些肯定孩子在未来有一定潜力，但现在能力还不够的话语，这些认为孩子是不完美的存在，他需要被改变的话语，都让孩子感觉自己永远不会让父母称心如意，也让他觉得他必须不断地去表现自己。因此，困难出现时，他会因为害怕失败或让父母失望而犹豫不决、不想面对。

相反地，积极的语言能够帮助孩子构建自尊。他听见的充满信任的话语会被他的思想储存，在他面临困难的、让人焦虑的或恐惧的情景时，这些话语会对他大有帮助——“爸爸告诉过我，我可以，那我就可以。”

被看作独一无二、大有前途的孩子不会害怕做自己，也不害怕实现自己的规划。你可以用充满鼓励、信任感和乐观思维的话语去帮助他：

“我知道你能做到，再试一次。”

“想要你的数学成绩提高，我可以做什么？”

“这个糕点很好吃，你真的很擅长烹饪。”

“我不赞同你做的事情，但我们可以谈谈。”

“给我们选一张碟片吧，你的音乐品位那么好。”

……

请记住，孩子只会付出他所得到的东西。**如果他被鼓励、被爱、被尊重，那么他也会鼓励自己、鼓励他人，爱自己、爱他人，尊重自己、尊重他人**。同样地，根据我们赋予他的形象，孩子也会给予我们所期待的东西。如果我们认为他差强人意、无能，那么他的行为方式将和那些我们认为是杰出的、独一无二的、多才多艺的和被无条件爱着的孩子的行为方式截然不同。

20 和孩子感同身受

感同身受，是感受另一个人的情绪、感情和经历的能力，或者是为他人设身处地着想的能力。

管理情绪是一项花时间的工作。日常生活中的一些事件，会引发孩子产生强烈，甚至激烈的情绪。在这种情况下，孩子想要别人听见他的声音并支持他。成年人只有理解和允许孩子正在酝酿的情绪，并承认这种情绪，才会对孩子有所帮助。

允许一种情绪，就是能够看到这种情绪的存在，也了解这种情绪的意义。但它并不意味着孩子可以随意地用不正确的方式表达这种情绪。例如，我们可以理解孩子的愤怒，却不接受他通过呼喊、捶打、摔东西等方式表现出来。

想要孩子识别、主导自身的情绪，并且接受它，父母就必须确认并接受这种情绪。

几种情绪

● 恐惧

孩子晚上会害怕，因为窗帘在飘动时，他以为自己看见了一些身影。父母即刻的反应可能是去安慰他："什么也没有，看，世界上没有妖怪，你看到的只是窗帘。"但感同身受的反应是："对啊，在黑暗里，就好像有几个身影一样，真让人害怕啊，不是吗？”

● 焦虑

青少年为第二天的历史考试而担心。父母与其说：“你不用担心，你历史很好的，而且你也认真学习了。”不如说：“考试之前，就算你准备得还不错，还是会心惊胆战，这是很正常的。”

● 愤怒

孩子很生气，因为他想再多坐一轮旋转木马。与其说：“不要生气了，你已经坐两轮旋转木马了。”不如说：“我知道，不让你坐木马，你不开心。我也知道，你喜欢旋转木马。但是现在我们要回家了。”

● 失望

当孩子考试成绩不太好时，这样说并不好：“如果你好好学习了，就能考得更好。”感同身受的反应是：“你好像对自己的成绩很失望……”

总的来说，感同身受就是饱含爱意地接受孩子，接受他的本来面目，接受他所有的状态……

注意，感同身受并不是……

- 试图对产生情绪的原因进行深层理解：“是什么让你变成现在这样的？这事儿不严重啊！”我们不需要去调查情绪存在的理由。情绪就在那里，它就是这样。
- 给孩子上一课的机会：“你看，我都告诉过你会这样，下次你可要听我的。”
- 为了减轻痛苦或减少困难，给孩子提出建议或解决方法：“那你就……”虽然想要解决问题的意愿是好的，但你提出的方法可能解决不了问题。孩子仍然会感觉别人不理解他。
- 试图消除或调节当时的情绪：“我煮了菠菜，你就别抱怨啦，你最好还是高兴点，至少你盘子里有吃的！”

21 倾听，不武断；解决问题，不施教

我曾告诉自己，不要让我的孩子体验我小时候经历过的事。
但我对他说的那些话，就好像提前编好了一样！

——一位母亲

我们都有点像这位母亲。我们说一些“编好了”的话，然后才苦涩地意识到：“这好像是我妈说过的话……”

有方法能避免这种语言的机械化——闭嘴！或者，学习和孩子交流的新方法——听的比说的多。

后者也能让我们更清楚地了解孩子的脑子里到底在想什么。**事实上，如果有人饶有兴致地听孩子说话，而且理解他，孩子就会对这个人说得更多，**比对常打断他、评判他、想解决问题或对什么都有意见的父母说得还多。孩子只有在感到自己被允许毫无顾忌地分享心里的想法时，才会表达自己。

积极地倾听

假如你的孩子经常说：“我知道你要跟我说什么！”你可能就需要反思自己和他交流的方式了。他都已经知道你的答案了，这也说明你的回应常常是相似的、可预见的。这样的交流方式也可能影响他吐露秘密！

积极地倾听就是极为谨慎地倾听，设身处地为说话的人着想，从而理

解他的所说和所感。你不用评论，更不用提问题。你只要重新表述一遍你所接收的或听到的东西，孩子就会感觉到你理解他。

- “你说她把门狠狠地关上，然后走了……”
- “我明白，你对此很气愤……”

无论什么时候，无论你的孩子多大，无论对话的主题是什么，请保证你听的时间比说话的时间长。

避免提建议

提建议本身并不是坏主意，但父母们常常操之过急。如果孩子还不善于思考或者他和父母意见相左，那么他就会觉得父母不理解他，而谈话也可能变得不愉快。父母常常觉得他们有生活经验，所以孩子会找他们征求宝贵的建议。然而，事实并不是这样！

孩子去找父母是为了被倾听。父母给孩子提的所有建议都不能阻止他自己去经历，也不能阻止他犯错。你真觉得孩子想要建议？你最好先问问他：“你想要我给你建议还是想要我听你说话？”

孩子讨厌被教训

孩子从未期待过父母的提醒和教训。况且，父母很喜欢在非常不适宜的时机给孩子上一节“生活的课程”：

- 当青少年急着要出门的时候，父母不断地提醒和嘱咐。
- 当孩子犯错，还在伤心或失望时，父母忙不迭地教训。

在安静和恰当的时机，当孩子有空，脑子也冷静时，父母可以告诉他自己想说的话……

22 运用幽默感

当我们不懂得自嘲时，我们就无法嘲笑他人。

——保罗·莱奥托

幽默感是可以学习的

孩子天生喜欢开玩笑。他们喜欢扮丑、吸引公众的注意力、大声笑。但如果这种精神状态没有得到维护，那么它只能存在一段时间。扮丑让孩子学会自嘲，学会理解玩笑，理解深层次幽默，理解英式幽默、犹太幽默、比利时幽默或其他。而且，孩子需要幽默感来面对形形色色的对话者和各种各样的情况。

一起笑

笑，是最好的减压药。一起笑，是最好的药方。重视幽默感，重视和烦恼保持距离，重视深层次幽默，重视家庭的欢乐，懂得不必为那些不值得的东西伤心流泪。幽默感帮助我们度过生命中一些错综复杂的时刻，更重要的是，它创造了家庭成员之间的默契。

懂得幽默，懂得使用幽默，懂得自嘲和逗乐他人的孩子，在生活中会更坚强……而且他总会有很多朋友。

请在孩子讲笑话时大笑，给他讲一些新笑话，和他一起看喜剧电影，和他一起毫无顾忌地做荒唐事。

打趣并不是讥讽

懂得自嘲是很大的优点。但懂得打趣别人需要很多技巧，打趣绝不能变成讥讽。

- 当孩子在负面情绪中或他面对的情形并不好笑时，千万不要讥讽他。否则只会让他更伤心。
- 同样地，教会孩子：我们不取笑他人。某些讥讽的话语可能会深深地伤害别人。嘲笑别人太胖，嘲笑在大家面前说错话的人或者嘲笑名字滑稽的人，其实一点儿也不好笑。
- 鼓励孩子站在那个被嘲笑的人的角度思考，这样他就能慢慢学会持有同理心和善意。不同流合污也是一种勇气。

第三章

设置监护人

制定纪律

23 有了好纪律，才有好学徒

做不了好学生的人，就无法为人师表。

——亚里士多德

纪律和独裁没有联系，它和权威紧密相关。

某些父母，鉴于自身的童年经历，认为纪律就是压迫、指责、惩罚、力量制衡，甚至是用来鞭笞他人的东西。但这里讲的纪律并没有这些含义。

美好的词语

“纪律就是一定数量的书面规则或习惯性的规则。”它可以由“师傅”强制执行，也可以由人们强迫自己去执行——也就是自律。纪律常常被认为是教育的近义词，即纪律是教授行为规则。

纪律的目的并不是强迫性教育，而是说服性教育。学徒们不是因为害怕被骂才遵守规则，而是出于对教育他们的人的尊重。老师（和父母）就是权威。

在良好的纪律下，孩子按父母的要求做事，他相信做这些事是为自己好。因为他信任父母并感觉被爱。

目标：自律

我们日复一日地对孩子说“去刷牙”，其实只有一个目的：孩子可以自发地去刷牙。重复和惯例的意义就在于此——让孩子逐渐习惯我们经常要求他做的事，直到这种行为变成他生活的一部分。

交际行为和情感行为也需要自律，我们希望孩子学会正确的姿态，学会不因沮丧而号哭，学会轮流做事等。

因此，为了确保孩子的自身安全，也为了保证孩子的社会生活顺利、和谐，我们必须限制孩子的娇纵，要求他遵守一定的行为规则。

没有纪律，就没有独立

如果说独立就是懂得照顾自己，在这个世界上找到自己的位置，那么孩子应该明白，纪律和权威可以帮助他们实现独立。没有养成照顾自己身体、整理衣物、信守诺言、努力拼搏或尊重他人等习惯的年轻人，以后会变成什么样？按照这个思路，纪律和权威的意义就大不相同。它们不再是大人对小孩进行权力实施，而是让小孩变成大人、变成“老师”的良方。

有了这个目标，制定纪律也就变得简单。父母们应该想一想，**当孩子不在我们身边时，哪些技巧和常识会对他有用呢？**

24 坚定自己的责任

20 世纪 70 年代，我们宣扬“不准禁止”，
认为所有的管束都是权威和压迫。
幸好现在不这样了……

——一位祖父

从我们父母的那一代到我们这一代，两代人更迭的时间里，教育观念先是从专制走到了另一个极端——放纵主义，之后又模糊了所有的标准，变得凡事无定规。其实弄清楚规则和责任，也是大有好处的。

孩子希望自己被倾听，也希望成年人言而有信；父母则希望自己被尊重。我们应当倡导一种结合了严密规则和必要的个人自由的教育。

高难度“配方”

如今，所有教育学家都赞同以下观点：孩子需要被父母的爱围绕，但也需要父母态度坚决、言行一致。真是苛刻的“配方”！

大家（学校、家庭或酸奶厂商）都声称自己非常关心孩子的“健康”，希望他们全面地发展。但请注意：在复杂的现实面前，“理想化”并没有成为积极的动力，而往往变成负罪感和挫败感。

在面对越来越困难的教育任务时，诸多父母表现出焦虑和慌乱。面对越来越高的要求，怎样才能做“好父母”呢？怎样才是“对孩子好”呢？

当然，教育没有“唯一配方”，它需要父母去反思看待孩子的方式。如今，父母越来越容易把孩子看成平等关系里的真实伙伴。然而，即使孩子和父母一样，都可以得到尊重，两者所拥有的权利也是不对等的。只要孩子还是未成年人，家庭就不能像民主社会——一个声音就是一张选票——那样运转。不管孩子赞不赞成，**父母都必须建立规则并让孩子遵守**（基本上，最开始孩子都是不赞成规则的）。

权威，父母的责任

禁止、要求、限制、苛求……为什么我们要做这些？

- “禁止”有助于孩子在心理方面的自我建构。实际上，幼儿因自身拥有的权利而焦虑，他通过某种负面行为来表达自己对控制的需求，进而希望他人设置限制。
- 放手不管很容易。如果父母不严厉对待孩子，孩子就有脱离限制的趋势，也会感到“不安全”和焦躁。父母的严厉能帮助孩子战胜焦虑，让孩子学会良好的自我控制，并养成坚强的个性。
- “禁止”有利于孩子为以后的社会生活做准备，因为社会生活里充满了禁律。
- “禁止”代表了标准。从表面上来说，决绝的“不”让人沮丧，但从深层次上来说，这个“不”让孩子感到安心，它也在构建着孩子。“不”是非常让人有安全感的。“不”让孩子知道有人在监督他，有人在守护他，有人明白他在做什么，孩子因此而变得自信。

25　纪律中的基本规则

具有逻辑意义和感情基础的纪律，更容易被孩子接受。
它们帮助孩子进行自我建构。

人的一生会在各种社会群体中度过，每个社会群体都有具体的规则。不受限制或没学会顾及他人的孩子将无法适应越来越错综复杂的社会。

但是，纪律仍是复杂又吃力不讨好的……

可能的“坏处”

当我们对孩子说“不”的时候，他们感到不开心。允许孩子通过愤怒和冲突来表现内心的沮丧并不容易。我们必须接受，在某些时刻，孩子不喜欢我们。如今，一些父母似乎正处于这种危险状况中——他们无法接受孩子表现出的敌意和憎恨，以至于迟迟不肯限制孩子。

禁止什么？怎样禁止？

以下是几点参考。

- 禁止必须统一、有逻辑，你必须清楚地表达禁令并解释个中原因。孩子应当感觉到：你爱他；你对他有所要求，完全是为了他好；你让他放弃眼前的快乐，是为了他可以实现更大的目标。

- 就算孩子捶胸顿足、叫苦连连，今天禁止的内容，明天也必须禁止。如若限制孩子的规则因父母的心情或因孩子的抵触而改变，事情将会变得非常复杂。
- 对“禁止”进行限制。你不能将所有时间都花在禁止或要求孩子上，请确定真正重要的，能让家庭和睦的规则。请将更多时间用于和孩子一起共享天伦之乐。
- 如果你认为应该惩罚孩子，请尽快兑现，惩罚以后便不再追究。正确的惩罚是不过分也不拖延的惩罚。理想的惩罚是能让孩子弥补过失，避免孩子怀恨在心。
- 你的要求必须适应孩子的年龄和能力。你不能盼望 3 岁的孩子可以和 6 岁的孩子一样控制自己的情绪。过多的要求只能让孩子常常处于失败的境地，有损孩子的自尊。
- 禁止的重点是保持公平（孩子对指责和责罚中的不公平现象非常敏感），以及保持爱心、信心和耐心。下面的“窍门”也许能帮上忙——**在整顿纪律之前，先用力呼吸三次**。这样呼吸之后，你的所说所做将会更冷静、更理智、不冲动。

26 采取平衡且一致的行为

被尊重的纪律就是充分考虑孩子性格和需求的纪律。

纪律和独立紧密联系，相辅相成。在培养孩子独立时，常出现这样的问题：通常一对夫妻中，一位会高估孩子感受到的困难，另一位则会低估；一位家长督促孩子，另一位则阻止。这些家长的做法非常极端，他们无法帮助孩子进步。

过多支持或支持不足

过度保护孩子的父母，会让孩子认为世界很危险，没有父母，他就不能独自应对。如果父母“常在左右”，规则太多，限制太严，孩子就不能自学，也无法产生独立的欲望。

不把孩子的困难当回事的父母，则提供不了足够的帮助。孩子感觉不到自己身边有足够的支持，也就无法从自身获得战胜焦虑的力量。

以上两种类型的父母都不能帮助孩子进行自我建构。他们要么增加孩子的脆弱感，要么低估了孩子的能力。这样的父母不善灵活并恰当地处理事情，无法设置合理的限制，也不能和孩子感同身受。

怎么做？

- 请抽出一定时间来思考你的态度。当孩子遇到困难时，你处于低估他还是高估他的状态？你太过保护他还是太过放任他？另一位家长呢？你和另一位家长的分歧是否引起冲突？每个家长的处理方式都有什么优点和缺点？你是否能够从对方的方式里学到什么？
- 如果父母各自的方法实在大相径庭，双方完全可以向对方靠拢，分别采取更节制的态度——这才是最有效的态度。要知道孩子会在父母的教育分歧中迷失。只有父母之间的退让才能避免极端。
- 孩子不在时，抽时间和你的伴侣一起交流关于孩子的事情。双方的敏感度不同，对问题的考量也会有所不同。你们开诚布公地向对方展示自己的思维方式，将会让双方受益匪浅。请告诉对方，你希望他（她）在孩子面前如何行动，这样不会让你们互相嫌弃，反而能拉近你们的思想。
- 在做决定前，一起思考，列出所有解决方法，然后加以回顾，并从中选择双方可以共同实行的方法。孩子感觉到父母意见一致时，才会更放心。**请记住，在教育理念中，“一致”和“坚持”是让孩子安心，也是让孩子听话的重要态度**。

27 管理“调皮的孩子”

一些孩子不用我们太操心，就能独自健康地成长，
这是一件让人感到幸福的事。
还有一些调皮的孩子，则更需要结构完整的权威管理。

孩子们都各有千秋。有一些孩子比其他孩子更难抚养。虽然他们的问题大不相同，但从症状表现和具体方面来说，其处理方式却是一样的。对于这些问题，我们能给出的答案也十分相似。

焦虑还是反抗？

- **焦虑的孩子**可能表现得非常调皮。为避免变化，避开过渡阶段，他可以做任何事情，包括拒绝父母的要求。“你要洗澡吗？”“不要。”一刻钟之后，“你该从浴缸里出来了。”“不要。”因为他所在的地方，他努力安顿的地方，就是他感觉良好的地方，所以他想留下来。当他要去奶奶家吃饭或去朋友家玩的时候，他的焦虑表现会更严重。
- **反抗的孩子**和焦虑的孩子一样，费尽心思地控制自己周围的环境。他认为如果世界是美好的，那么所有人都应该听他的。孩子拼尽全力去强迫他人接受自己的行事方式。如果其他人按照他的想法做事，他就不用去适应他人或改变自己的行为举止。

怎么办？

- 长篇大论的解释并不能解决问题。
- 孩子以后将在社会中生活。让孩子以为世界围着他转，让他以为所有人——不管是大人还是小孩——都会尊重他的意愿，这其实并不是对他的恩惠。况且，放任孩子，放任他的娇纵，并不能让他获得内心深处的安宁。
- 如果问题只是次要的，我们最好不要太在意。这时最合适的态度就是刻意忽略那些我们不想见到的行为。这样能避免我们对问题过于关注。对孩子来说，这是一种对占主要地位的积极行为的激励。
- 如果孩子的问题迟迟得不到解决或变严重，父母可以随时介入。当然，一旦他的行为有所改善，我们可以进行鼓励和表扬。
- **孩子可以改善某种行为，但这种改变不会一蹴而就**。不要期待完美。和孩子一起确定清楚的目标和步骤。赞赏孩子所有的努力和进步。做孩子的教练，而不是孩子的裁判。
- 不要一直说“不”。一些孩子听到“不”之后，会愤怒得像看见红布的公牛。我们可以找到更积极的表达方式，同时激励孩子采用其他行为方式。
- 一旦你说了“不”，那就是“不”（所以说之前要多思考几遍）。不能因为孩子的愤怒或撒娇就改变主意。
- 避免打骂和极端的惩罚。

巩固个性

28 让孩子去承担风险

三十年过去了，我依旧能想起，
当我鼓励儿子们从岩石上跳进海里时，
他们的妈妈那张焦急的脸……她以为我是个疯子。
而现在，我们的儿子对他们的儿子也这样做！

——一位父亲

“冒险”是孩子每天都在做的事。他会冒险站起来或冒险爬沙发，也会冒险松开拉着你的手或冒险打开你不让他碰的电脑。每当孩子说“我自己来”的时候，他都在冒险去发掘一个新的领域，冒险尝试使用新的能力，而且在这些行为中，他还承担着失败的风险。

让孩子去尝试

如果你让孩子去尝试、去坚持，最后他成功了，那么他就会学到生活中重要的一课——**他将学会坚韧不屈、努力，并且懂得失败的价值**。

如果你阻止他，对他说：“当心点，你会受伤的。”“放下，你会打碎它的。”“让妈妈来，这对你来说还太难。”那么他只会记住：

- 世界太危险，不能去冒险。
- 妈妈总会代替他去做事。
- 最好保持原有的习惯不变。

你想要这样吗？

合理的风险

敢于冒险并不意味着胡作非为，尤其是做危险的事情。风险绝不能威胁健康或安全。

挑战未知，可以；冒生命危险，不可以。我们必须保持谨慎，正确评估风险，才能适度掌控，才能知道怎么做可以规避危机。如果孩子必须承担这个风险，我们也应该知道为什么。

目标：增添生活乐趣

冒险，就是直面困难。即使我们不确定会成功，我们也能体会到尝试的乐趣，甚至有时还会品尝到成功的喜悦。冒险，就是：

- 野外远足、登顶高峰，欣赏大好风景。
- 选择最难但也是最有趣的写作主题。
- 开始读一部 500 页的小说，即使不确定能不能读完。
- 即使自己的观点和他人的背道而驰，也要捍卫自己的观点。
- 逐渐取得自主，不用每次做事之前都征求他人同意。

我们难道不能简单地说，冒险就是活着？每当呼吸的时候，我们都冒着吸进细菌的风险；每当过马路的时候，我们都冒着被车撞的风险……我们接受这一点，并在生活中、行动中指引我们的孩子，就是在激励他们去行动、去创造，也就是激励他们变得独立。

29 重视新生事物

生活就是一场需要直面的挑战，一次应当尝试的冒险。

——特蕾莎修女

孩子的本能告诉他：每天都是新的一天，他“随时随地”都在历险。随着时间的流逝，孩子的习惯逐渐形成。很快，当孩子要从日常生活的稳定和舒适中走出来时，孩子会感到恐惧或困难。

警惕习惯

习惯既稳固又让人感到舒适。它让我们不再反思，也不会对自我提出质疑。然而，习惯并不能促成我们在面对不断变化的世界时的恰当行为。河川滚滚东逝，却不再有一样的水。我们和小时候的自己、5 年前的自己，甚至 5 分钟前的自己已不再相同。

未来的人类应该有能力开发知识的新领域。如今，我们已不再从事和父辈或祖辈一样的职业，我们也不会在同一个地方度过一生。变化的速度仍在加快。我们必须准备好数次迁居、改变职业、适应新的生活模式。

重视变化和新事物

面对生活给予的所有可能，我们不能拘泥于自己了解的领域。对世界充满好奇将对孩子的学业大有帮助，而且好奇是应该终生保持的精神态度。我们应该让孩子知道：

- 变化也是生活的一部分。
- 探索既趣味无穷又振奋人心。
- 他将在不断前进中受益匪浅，而失败并不是无法逾越的障碍。
- 任何年龄的人都有进步的义务，也有改变主意的权利。

说鼓励的话

在人的一生中，总有一天，我们必须走出家门，去看看外面的世界。每一个人都有自己的历险。你的孩子将自己决定他想走向什么样的世界。如果孩子只想了解父母向他展示的东西，那就太可惜了！

叛逆的孩子或青少年让人怒火中烧。他们质疑一切的态度和重新创造世界的意愿可能非常幼稚，他们对你生活方式的批判也可能有些伤人……对他们而言，对父母提出质疑是他进步的基石。

如果你觉得有必要，可以反对孩子的观点，但你也可以真心为他感到开心：你的孩子有进步的欲望，也有想过美好生活的热情！

- 在孩子表达不同意见时，向他表示支持。
- 不要嘲笑孩子的选择。
- 不要说出武断的评判，即使这是你真实的想法……

和群体的意见不一、不效仿他人，已经很难了！明知人不可能每次都赢，也要一而再，再而三地尝试。这些都是克服恐惧的机会，也是让孩子进步的经验。所以，多向孩子说鼓励的话，让孩子有力量去享受下一次的冒险吧！

30 失败的价值

最好的篮球球员，肯定是投篮投得最多的球员，
也就是不断尝试的球员。

失败，既不可避免，也不可或缺

如果我们害怕犯错、失败或被人笑话，就不可能变得独立或去冒风险。正因为犯错，孩子才知道哪些地方还没有理解，还可以改进。最伟大的发明往往都是在一系列实验和失败之后产生的……犯错，就是意识到自己的错误，找到其中原因，为下一次尝试做好准备。

过于关注结果的父母

只有父母先相信，孩子才会相信——失败并不可怕，它只是进步中必要的元素。

除非父母向孩子灌输一个容不下失败的价值系统，否则孩子本身并不害怕犯错，他会多次尝试。很多父母太过重视成功，也太过重视孩子的社会价值。孩子很快就学会通过成绩来进行自我评估。如果有一件事，他不确定自己会成功，就不敢去做。这只会缩小孩子生活经验的范围。

教会孩子多次尝试或做一些“让自己开心”的活动而不考虑结果，更为重要。

矛盾的态度

父母关心孩子的成绩很正常，但牺牲了孩子的学习兴趣和生活乐趣，让他总是争当班里的第一名，这没有任何意义。

我们希望孩子可以全面发展，希望他有玩耍、创造和在课外领域大展身手的时间。未来并不只属于成绩好的学生，而是属于那些懂得学习、思考、创造的学生。

你想不想让你的孩子大吃一惊，还让他以后不再担心你的态度？下次他带着坏成绩回家，在他感到羞耻并认为自己肯定会被骂的时候，你可以这样对他说："你运气真是好啊！刚好考到的问题都是你没有理解的！这样我们就知道你需要复习哪些地方了。这次考试没考好，但对你来说却是好事！"

对失败的恐惧，是一种障碍

对未知和失败的恐惧，是孩子走向新事物和新发现的障碍。它让我们安心栖身于安全和习惯之中。

- 我们这十五年都在同一个夏令营里过暑假，所以为什么要改变度假地点？万一并不顺利呢？
- 尽管我们看不到潮流是如何限制了我们的穿衣、饮食和生活方式，但追随潮流如此简单，所以为什么要寻求自己的风格呢？万一失败了呢？

我们还认为，财富的积累能保证我们外在的物质安全，能让我们减少失败的风险。其实，**内心的安全更为重要**：相信自己；相信不管发生什么，自己都能解决；相信自己的经历和能力。

31 关闭"投诉受理办公室"

我们应该避开那些闷闷不乐的人，

因为任何事都能让他们忧愁，万事万物都是他们控诉的对象。

——塞内卡

我承认，每个人都有自己的烦恼，孩子也不例外。但如果父母接受了孩子"受害者"的身份，那就会让孩子承担很大的风险。因为，如果一个人在生活中永远是受害者，那么他是不能独立的。

拒绝贬低自我

最初的抱怨形式大多是针对自身的。仔细聆听，你很快就会发现孩子贬低自我的话语：

- "反正我永远都做不到。"
- "我根本用不着尝试，我肯定会搞砸的。"
- "这条裤子确实不适合我，因为我太胖了。"

请注意这些话语，它们说明孩子在自尊问题上出现偏差，千万不要让孩子这种自我怜悯的态度成为习惯，你可以试着说："我不喜欢你这样讲话。如果你不尝试，肯定是做不到的。"

向孩子解释贬低自我不过是"自编自导的预言"："事情还没开始，你就气馁，那你难免会失败！"

拒绝经常性的抱怨

这是抱怨的第二种形式：他遇到的问题的起因总是来自外部环境。

- “天气不好。”
- “老师很凶。”
- “我没办法信任我的朋友。”
- “这部电影太差劲。”
- “我总是没时间玩耍（或出游、娱乐、找朋友）。”
- “我的爸爸妈妈‘不高兴’。”

在这些抱怨里，可能有一些真实情况。但这并不是问题所在。问题在于抱怨的形式、在于孩子的被动，他总是在说：“这个世界是不公平的！”

怎么做？

- 让孩子去抱怨，但不要再介入，因为父母的介入只会助长他的态度。如果你附和孩子，他会感到自己被理解，但也会让他沉浸在抱怨当中。如果你指出他的错误，他只会说你什么都不懂。
- 让孩子知道，他本身是有问题的。如果他需要你，你就会帮他。但你不是他的“投诉受理办公室”。
- 教会他欣赏并培养他积极的思想，之后，你就可以放手不管了。

脱离抱怨的唯一方法，就是行动起来。让孩子从受害者的角色中走出来，变成行动者。如果你的孩子愿意听下面的话，他就有机会改变了：

- “你觉得自己胖。所以你要去看营养学家吗？”
- “你觉得自己数学不好。那你准备怎么取得进步？”

32 加强孩子的勇气

言行得当比疯疯癫癫更需要勇气。

——保罗·德·郭克

让孩子明白勇气是什么至关重要。比如，他需要很多勇气，才能直面困难，才能承认自己的错误，才能面对恐惧或不随大流……孩子每一次战胜恐惧，就变得更勇敢一些。他认为重要的东西，他所相信的东西，是促使他变得勇敢的动力。

勇气并不是这样

“你根本就不行！”——对孩子来说，被其他人当作胆小鬼是一件可怕的事情。每当这些时候，他就会告诉自己一定要表现得勇敢。然而，通常他被迫面对的挑战，不是有危险的事，就是被禁止的事或傻事。

作为父母和老师，我们的任务是向孩子解释：为了不被群体隔离或不被其他人当作胆小鬼而去迎接挑战，这并不能称作真正的勇敢。

勇气是什么？

勇气就是承担合理风险的能力，或者因某个正当理由而超越自我的能力。因此，勇气有时也是为了维护自身价值而反对大部分人的能力。

和孩子探讨他在学校的见闻或新闻时事，并研究某些情形中的勇气：

- 当老师要求大家检举做坏事的同学时；
- 当一个男人为保护一个受袭的女人，自己却挨了一刀时；
- 当一位冒险家去发掘一片危机四伏的土地时。

找到他的英雄

对孩子来说，文学作品或历史事件中勇气的典范大有教育意义，经典童话中也有很多关于勇气的故事，比如聪明的小孩子反抗并赢过了大人、坏人。你也可以简单地讲述你自己或其他人充满勇气的故事。

允许孩子提出要求

“你这样的要求太过分了！”这句话千万不能成为你的口头禅！**孩子可能会提任何要求，而他也准备好自己的要求被拒绝**。他提出要求，是因为他有权利表达自己的观点。你当然也有拒绝或进行谈判的权利。

太多孩子因为羞涩或不想麻烦别人而不敢提出合理的要求。但是，别人有给出自己答案的自由，孩子也有提出问题的自由！

允许孩子说“不”

孩子被卷入危险行径或犯罪行径中，或者被不怀好意的成年人吸引时，我们希望他能够坚决地说出“不”字。因此，有时他在家里说的“不”应当被允许并被重视。否则，他就不敢反抗那些吓唬他的人。

第四章

让孩子成长

铸就自尊

33 重视自尊

世上最重要的看法，就是我们对自己的看法。

——韦恩·戴尔

人只有能正确评估自身价值，才能变得独立。自尊与自私或自傲相去甚远。自尊依赖于以下两种信念：

- 我存在，所以我就有价值。我是“某人”。
- 我有能力，有才干，有可以给予他人的东西。

自尊决定世界观

一个贬低自己的“我”，一个充斥着现实或想象的恐惧的“我”，便是受伤的“我”。

缺乏自尊，令人感觉无法通过合适的方式去面对一切生存考验。缺乏自尊的人，气馁的情绪渗透到他的人性中，他无法体验到自己本可以收获的丰富多彩的生活。

相反地，孩子的自我意象越积极，他就越能欣赏他人。看轻自己的孩子不会太尊重他人，也很难形成积极的态度。

孩子逐渐接受我们对他的爱，这份爱让他认为自己是有价值的，也让他自爱。

自尊是幸福的基础

比起机遇、智商或财富，自尊更是让我们有所成就，变得有创造力，有能力构筑幸福生活的决定性因素。**自尊的孩子不狭隘**。他自我感觉良好，也不太在意他人的看法。所以，他做事的时候不受阻碍。

从行为上来说，自尊的孩子将注意力集中在任务上。他为自己而行动，为朝着某个目标前进所带来的快乐而行动，而不是为了得到他人的肯定而行动。他能够接受批评、重视批评但不会被批评打倒。当他感到失望时，他会选择忘记，继续做其他事情。他不认为其他人会埋怨他，也不认为生活没有给予他机会。这样的孩子做事的时候，满怀激情，所以，他最后会成功。

自尊、有积极自身意象的孩子，会让他人产生同样积极的感觉，他将发展良好的信任关系。

自尊在日常生活中形成

培养有幸福感的孩子，培养因自己的存在而开心的孩子，必须从孩子幼儿时期就开始。研究表明：孩子的自尊不与他的健康状况、学校教育情况、生活场所或父母的社会地位相关，它与孩子和信任孩子的成人之间的关系紧密相联。

孩子在日常生活中学会接受自身的不足、学会爱自己本来的样子。每一次成功的经历，每一次得到回报的努力，每一个达成的目标，不管它们如何微不足道，都如同成人与孩子间积极的互动一样，帮助孩子构筑自尊。

这一切让孩子相信，他能一点一点地掌握自己的生活。

34 帮助孩子构筑身份认同

我们出生之后，尽管大脑发育还不完善，
但它已经参与到我们自由而独立
且独一无二的个体的构筑：我们称其为个体化。

——神经生物学家 皮埃尔 – 马里 · 勒多

父母是孩子用于构筑自我意象的镜子。

成为“人”

孩子出生时，尚未构成“我”的概念。他不知道从和自己血肉相连的娘胎中脱离出来之后，自己就是一个人类。他应该学会成为一个“人”。因此，他先通过父母，然后再通过自己的首个关系网络来发掘自己到底是什么。

他的感觉、他的经历、他的名字，都有助于让他意识到自己的存在。但他对自身主观的意象（他是哪种人），大部分取决于别人对他发出的信息。

信息构筑自我意象

孩子赋予自身的价值取决于他的环境（不仅仅是父母）给予他的价值。

当然，父母一般都爱自己的孩子，他们都希望孩子的生活美好。但如果父母没有掌握关于孩子发展的基础知识，仅仅凭他们那些美好的意愿，是远远不够的。

在接收词句之前，婴儿接收所有类型的信息。在最初的几个月里，他的身体就是一个接收所有可及范围内的“电波”的雷达：

- 别人将他抱入怀中时是温柔还是紧张?
- 他感到自己受欢迎、让人疲惫，还是多余?
- 从他耳边划过的声音，是在对他说话还是在谈论他?
- 他不舒服的时候就会叫喊，他感到自己被理解、被同情，还是觉得自己打扰了别人?
- 他想交流时，找得到善良又常在左右的交流者吗?

婴儿接收的热情、温柔又安心的信息是构成他自尊的基石。幼儿则将渐渐通过围绕他的积极的语言和行为来赋予自己价值。

接下来，孩子接收来自父母、老师、亲朋好友的信息，这些信息是对于孩子的存在和孩子所做事情的回应，它们将继续发展孩子的自尊，或者相反地，破坏孩子的自尊。自尊的获得取决于孩子自身在日常生活中的经历，不管成功与否。

请放心！
孩子不必完美！每个父母都有疲惫或气愤的时刻。
对孩子长期持有的态度才是孩子形成自尊的基础。

35 牢牢地抱住你的宝贝

我们必须不断鼓励孩子站立或行动，
孩子才能在本身状态允许时，即刻探索世界，
尽管最开始可能只有短短的几秒钟……
直立行走是孩子建立安全感的基础，也是早期的独立。

——卡特琳娜·多勒多

婴儿最大的恐惧之一，就是突然失去平衡而摔倒。因此，帮助婴儿形成“基本安全感”就显得格外重要。

会摔倒吗？

幼儿园教师塔尼亚解释道：“当我们第一次当爸妈时，确实很难掌握正确抱孩子的方法。有些父母感觉自己很笨拙，也害怕摔了孩子。小宝贝能感觉到父母的紧张，因此他们以哭泣作为回应。我们告诉那些父母如何安全地抱住小宝贝，如何撑住孩子的脊柱，如何稳住他们的脑袋，等等。婴儿还不了解重力的存在，他们非常需要得到安全保障。这对于父母与孩子最初的相处是非常重要的。”

害怕摔倒的婴儿会大声哭泣。如果我们没有正确地抱住他，没有撑住他的脊柱和脑袋，他便会表现出反抗，要求我们把他放下。

新生儿对失去平衡天生感到恐惧，我们应该避免突然的姿势变化。婴儿身体稍有些不平衡，就会张开双臂并轻微弯身。

婴儿出生后第一年里，这种恐惧如何演变取决于我们支撑他的方法。

注意，在浴盆里，婴儿的皮肤被打湿并涂上香皂时，就会变得很滑！

基本安全感

婴儿天生的不安全感使得我们必须非常注意抱孩子的方法。“基本安全感”是通过抚摸和婴儿进行交流的方法中的一个概念，它影响着人的发育，同时，它还影响孩子的身份认同和自信的培养。

抱孩子的方式是孩子很容易解密的“语言”，他在父母怀里是否感到安全，取决于他所感受到的被支撑的方式，取决于父母是否稳定地、有信心地支撑着他。

- 我们应当**稳稳地抱着婴儿，并让他感到舒服**，他的头和背部下方必须被正确地支撑。我们将手臂或手掌放到他臀下，就能支撑住他的脊柱，因为臀部处于脊柱的正下方。
- 抱婴儿时，双手不要架在他身体两侧（或腋下），否则你的双手将挤压他的胸部，同时他的下半身会腾空，他肯定不喜欢这样！

36 培养良好的内心意象

尊重自己，就是逐渐从他人的评判中解脱出来。

在成长过程中，孩子必须学会塑造自尊，且这种自尊也不再只源于他所接收的积极评论。

大部分父母为了增强孩子的自尊，会采取可能导致相反结果的行为。比如，面对孩子对自身的否定评价，父母会坚持不断地鼓励他，让孩子尝试得到老师的支持，对孩子可能造成的失败变得非常敏感，做最大的努力避免孩子失败……而到最后，他们发现，情况并没有好转。

父母诚然出于好意，但这样做只会让人觉得，父母为了让孩子获得自尊而做的事情，甚至比孩子本身做的事情更多。孩子从中只学会了被评判，而不会自我评估。

父母越坚持（“不，你可以做到，再试试看，你可以的！”），孩子就越觉得自己不行，认为自己肯定有问题。

自尊并不是我们拥有的品质，它只是**我们对自身的看法**。我们谈论自己的方法、想法或行为，都能透露出自尊。

父母们可以采取以下方法来帮助孩子打造自尊：

- 就算孩子的成绩不好，或者他不想去游泳，也要把他看作一个善良的人、一个有价值的人……在面对孩子的能力和未来时，请表现得更有信心、更轻松。一味地鼓励他、询问他、强迫他或教训他，只能让他惊慌。

- 孩子犯错或做傻事时，请批评他的行动或行为，不要批判孩子本身，不要谴责他，也不要让他看轻自己或有负罪感，请给予他改正的机会。
- 请表现出激情，请鼓励孩子。这个方法能抵抗乏味和厌烦，能帮助孩子将他的计划进行到底！
- 让孩子去体验。孩子经历的事情、所处的领域和遇见的人越多，他就越能发展自尊。当然，他也会犯错，这样很好，你可以告诉他，犯错是最好的学习方法。如果你重视孩子付出的努力和事情的过程，而不是重视事情的结果，那么孩子就会非常信任你。
- 重视孩子自主的行为。它可以是孩子有关生活模式的行为，也可能是生活习惯，还可能是面对你时的行为。会独立思考和行动的孩子，就是有自尊的孩子。

37 修正不良的自我意象

孩子本来的样子，就很美妙。

自尊的形成受众多方面影响，孩子在一边成长，一边进行自我建构。

阻碍孩子全面发展的因素很多。其中的主要因素，就是孩子在投身某个规划之前所感受到的限制——“我做不到”“我很无能”“我根本就没有尝试的必要”“我运气一直不好”。自尊就这样在一堆消极的思想中泯灭。

不可避免的偏差

尽管为了让孩子构筑牢固的自尊，父母已付出了最大努力，但孩子的个性并不稳定。孩子在成长时，他的自我意象会产生偏差，也会因生活中的事件而不断改变。不过，以下这句话是自尊的坚实基础——“只要我存在，我就值得被爱”！

如果孩子没有这个基础，他可能会误入歧途，但父母是可以发现并帮助孩子避免出错的。

- 孩子制定不现实的目标。这是孩子身上潜伏的完美主义所造成的结果，而孩子并不能达成这些目标。
- 每次失败、犯错误或有过失之后，孩子都认定自己“差劲”或“无能”。并且在任何情形下，他都得不到释怀。

如果父母没有及时发现并帮助孩子，在这两种情形下，恶性循环就会出现：孩子需要实现一个巨大的目标，才能感到自己有价值，但这个目标根本无法实现，最终他的负面自我意象增强。

和负面想法做斗争

不尊重自己的孩子和青少年，他们常通过暴躁或厌烦表现出悲观主义。孩子感到无端的焦虑，他被恐惧所控制，内心没有安全感。

家庭成员和亲朋好友所扮演的角色至关重要。他们可以帮助那些正在经历艰辛，难以尊重自身的孩子。

- 把孩子看作讨人喜欢的、有价值的、值得注意并尊重的人。孩子会将别人的关怀记在心中，最后通过这种方法尊重自己。
- 即使孩子会失败或不按套路出牌，也要鼓励他。孩子会逐渐理解自身的价值，他们也会明白成功的外部标准，例如，奖牌或好成绩并没有做到某事后的成就感重要。
- 告诉孩子自尊是内心的想法，恐惧也是。负面的想法对自己有害，它会破坏我们的自我意象和行动方式。但负面想法是可以得到纠正的！积极的想法和自我调整可以帮助我们重新树立看待自己的方式，从而帮助我们提高能力。
- 向孩子表明，那些缺乏自尊的想法和床下面的妖怪一样，都是空想。像“我没办法”“我很无能”这样的想法只会降低我们的生活品质。

增强自信

38 增强孩子的自信

自信是勇气、主见和热忱的基础。

——美国“乐观主义和信心”专题作家 O. S. 马尔登

自信是孩子未来生活中最重要的优势之一。自信的根基在于童年，父母对孩子自信心的建立有着巨大的影响。

学会存在

我们都希望自己有“优秀的孩子”，他们会懂得建立真正的友谊，将来会有个好的职业，也会幸福。为了达到这个目标，我们给予孩子一切：钢琴课、去国外度假、让他们拥有自己的卧室……但我们千万不能忘记，为了孩子的未来，我们需要传递的最重要的东西并不是物质，而是关于存在的知识。

我们应该这样教育孩子：幸福并不来自外部世界，它来自内心，来自他们的办事能力、创造能力和反应能力。**内心的力量、爱意、道德和生活的乐趣**是孩子最需要构筑的东西，而这些东西从课堂上学不来。只有我们日复一日地教育，才能帮助孩子逐渐构筑自身价值和自信心。

对身体有信心

自信，即振奋的精神，和良好的身体状况有着紧密的联系。孩子需要正确看待健康和疾病的关系。父母对此也应负起责任。父母是教育孩子喜欢自己的身体、与自己的身体和谐相处的最佳人选。请爱孩子本来的样子，告诉孩子，你们觉得他很漂亮，鼓励他参与体育活动或对健康有益的活动，给他买穿着舒服的衣服——这些态度可以帮助孩子与身体和谐相处。

对人际关系有信心

孩子是否自信肯定会影响他对别人的信任，也会影响他与别人建立的关系。孩子信任自己，就会认为自己是有价值的人、可以让他人感兴趣的人、可以和他人建立良好关系的人。与他人的关系包括孩子未来所有的社会关系、人际关系或工作关系。

对自己的计划有信心

自信也是孩子在面对自己的行动或忧虑时的一种态度：敢于承担风险，敢于制订计划，知道自己可以进行到底、达到目标、直面问题、承受失败。所以，自信也关系到孩子成年生活中的所有价值。

39 成为榜样

我们不一定要成为“模范父母”，
但我们可以做“孩子的榜样”。

每种生物都依赖它的环境，孩子的成长也取决于他所生活的环境。通常，如果父母尊重自身，那么他们的孩子就有同样的特征。尊重自身的父母就是思想和行动完全一致的父母。

我们对待他人的方式就是我们对待自己的方式，当然，这里是指带着赞赏和尊重去对待他人和自己。而另一现象也发挥着作用——模仿。**孩子通过所见所闻来构建自己，他的生活经历让他耳濡目染**。想要孩子构建良好的自尊，家庭氛围就必须充满尊重、开放和创造性思维。

你的孩子在看着你

你的孩子看着你的时候，他会学到：

- 你如何回应困难、失望、成功或失败。
- 你是否需要他人的肯定。
- 你的思想和行为是否一致，你所珍视的事物是什么。
- 你害怕什么，你如何回应这种害怕。
- 你做什么努力去战胜恐惧。

- 你如何表达自信。
- 你对“独立”的理解。

成年人也会担心

如果焦虑的孩子能看到他的父母怎样面对恐惧，这将对他自身直面恐惧大有帮助。

例如，孩子马上要考试或计划去朋友家睡一晚，而他对此感到担心，这就叫“提前焦虑”。一些孩子不会通过语言来表达他们的焦虑，但父母能察觉到孩子难以言表的烦恼。父母可以看似不在乎地大声说出他们面对类似情况的方法，这样就能帮助孩子。

参考范例

母亲可以说：“有一天，我必须在大会上讲话，会议室里有15个人。我不喜欢这样，我害怕自己结巴！我好好地准备了自己要说的话，在讲话的时候，我先深呼吸一下再开始。我告诉自己，就算我感到不自在，也没什么关系。”

或者：“昨天，我开着车跑遍了巴黎，去一个我根本不认识的地方，我有些不放心。但我觉得，如果我迷路或遇到困难，我可以问路或者打电话。我知道，之后我肯定会因为自己去了那里而感到非常自豪！”

40 展示你对生活的热爱

比起听你的大道理或满足你的苛求，
看你怎么过日子，孩子就能收获更多生活的经验。

孩子在面对恐惧时，将父母作为榜样是对的，这让孩子朝着独立迈进了一大步。孩子从父母身上感受到生活是热情洋溢的，每天都是崭新的，他要依靠自己来创造美好生活，这也极为重要。

如果独立只会引导孩子走向毫无生趣的未来，那还有什么用呢？

孩子接收你对世界的印象

- 世界是否为宜居之地？
- 世界值得被了解吗？
- 我们有幸福的可能吗？
- 其他人是潜在的朋友还是敌人？

孩子看你生活，就能回答这些与他的生活息息相关的问题。

我们都想让自己的孩子幸福，所以，我们应该从让自己幸福并向孩子展示幸福开始。

如果我们自己都感觉不到生活的乐趣和能量，那我们怎么向孩子传达它们？这里面没有大道理，也没有复杂的建议，秘诀很简单，却并不容易做到……

你对生活的热爱

阳光灿烂？请尽情享受！

生活美好？请展示出来！

如果父母热爱生活，长期展示出喜悦和幸福，孩子就会带着更多的自尊和自信成长。

相反地，如果成年人的反应常常是拒绝、气愤、憎恨、紧张、失望……一个细心的观察者能从中得出什么结论呢？

对于幼儿来说，父母的态度肯定是正确的、合适的。他们也会复制这些态度。

- 如果你希望你的孩子不害怕生活，而是热爱生活，请在日常生活中对他表达你如何热爱生活。
- 向孩子展示你在吃一顿佳肴、晒太阳、做喜欢的工作、泡澡、和动物玩耍、做一个项目、学新东西的时候，可以感受到的欢乐，总而言之，让孩子感受到生活里千千万万的欢乐时光。
- 告诉孩子，有一个像他这样的孩子，你是多么开心！

41 观察你的孩子

成功的第一秘诀就是自信。

——拉尔夫·沃尔多·爱默生

你的孩子已经走在独立的路上了吗？如若不然，他应该朝什么方向前进呢？

自信的孩子拥有走向独立的条件，他们有一些共同的特征。

当然，以下列出的所有特征都必须考虑孩子的年龄。另外，没有一个孩子能同时拥有以下所有特征。

- 他能自我肯定。
- 他不具攻击性。
- 他知道如何在成人面前捍卫自己的看法、观点，也知道如何独自捍卫。
- 他表现出勇敢和坚持。
- 他很容易交到朋友。
- 他能够冒风险。
- 他坚韧不拔，能将一件事情进行到底。
- 他不追求一切完美。
- 他不因失败或被拒绝而懊恼，总在不断尝试。
- 他对新生事物和变化感兴趣，敢于尝试这些新事物。
- 作为团队的一员，他知道如何得到他人的赞赏。

- 他认为自己有不错的机遇。
- 他知道如何管理自己的紧张情绪，也知道如何放松。
- 他不需要配合自己群体中的所有模式和看法。
- 他很自主。
- 一个人时，他知道如何找事做。
- 他对自己的未来有积极的看法，也迫切地想长大。
- 他有时会梦想自己长大后成为伟人。

42 观察你自己

没有你的鼓励和信任，
孩子无法将自己的计划进行到底。

为人父母，我们的某些自发行为会增强孩子的自尊和自信。以下是一些例子。

- 你启发孩子思考。
- 你对孩子安排了前后一致、可预测并合理的纪律和指令。
- 你对他的表扬比批评多。
- 你尊重他的个性，不要求他满足你的期望。
- 你不随意嘲笑他、给他取外号或讽刺他。
- 你不在他人面前数落他的过错。
- 你表现得有耐心，并尊重他的节奏。
- 你尊重他的隐私、他的领地、他的信件……
- 你鼓励他去承担责任。
- 你尊重并认真对待他的观点、希望和选择。
- 你鼓励他制订计划并引导他完成计划。
- 他知道未来属于他。
- 你和孩子一起度过充实的时光，你对他既温柔又和善。
- 你不会过度严肃，也不会极其松懈。

- 你相信他，也告诉他你相信他。
- 你经常提示他，你觉得他非常优秀。
- 你不会因为他有些事没做好就让他有负罪感，你很快就“忘了这事”。
- 你不指望孩子会“乖”。
- 你积极地开导孩子，让孩子相信世界，相信未来。
- 你认为他的错误是学习中必要的环节。
- 你鼓励他独立和自主的意愿，也鼓励他相信生活属于他。
- 你教会他产生积极的想法。
- 你从不惩罚说真话的孩子。
- 你鼓励他冒险，而从不会说：“你会摔倒的！”“你会被割伤！”“你做不到的！”
- 你的孩子知道你的爱是无条件的，也知道不管他说什么或做什么，你的爱会一直在。
- 你尊重你自己，你希望他人也尊重你，你对自己有信心。

你已经在采用以上哪些行为了呢？你可以发展其中哪些行为？请记住，你随时都可以进步。

第五章

鼓励孩子拼搏

管理恐惧

43 留意焦虑的信号

在新千年的开端，
全球有 10% ~ 15% 的人正遭受着"焦虑障碍"。
美国的一项研究表明，
年轻人的平均焦虑水平在 40 年内将翻倍。

少量的焦虑和紧张情绪一样，可以成为行动的动力。而大量的焦虑，则会迅速成为一种痛苦，并阻碍我们正常生活。

孩子的焦虑

如今，大部分专家认为，每个人对焦虑的容忍度与生俱来，这和我们的遗传因子紧密相关。而孩子所接受的教育，将为这些基本的遗传数据确立不同的方向。所以，**焦虑是一种和环境相关的、十分复杂的情绪**。

在当今社会的大环境下，我们如何相信孩子们能在一片安宁的天地中成长？孩子不仅有自身的恐惧（害怕黑暗、害怕陌生人、害怕狼、害怕医生，这些恐惧在他们成年后不一定消失），他们还能体会到我们的恐惧。正因如此，一些不到 10 岁的孩子被问到害怕什么东西时，他们会回答害怕发生战争，害怕爸爸妈妈离婚，害怕长胖，害怕自己成绩不好，害怕以后找不到工作……

难以察觉的症状

孩子的焦虑并不容易察觉，因为孩子不一定会说出来。孩子不会表达什么让他焦虑或他在担心什么。他会通过自己的身体反应或行为来表达自己的焦虑。

- 幼儿会呼喊、哭泣，有的孩子甚至会生病。他会变得无法无天或自我封闭。他让家人担忧，让别人体会和他一样的困难。
- 大一些的孩子，性格不同，表现也不同。一些焦虑的孩子会表现得越来越不稳定或调皮；另一些则封闭自我，变得过于“乖巧”，让人无法注意到他面临的困难。这两种情况下，孩子会更粗心，而这一点也能通过学业成绩表现出来。我们以为他只是懒惰，其实他是在焦虑。我们常常无法辨别藏身于多种异常症状下的焦虑。

剧烈的恐惧

看到床对面的墙上有阴影就以为是妖怪的小孩，可能被吓得不轻。而强烈拒绝打针的年龄更大的孩子，可能不只是怕痛。孩子们记忆中的某个噩梦或惊悚时刻仍然历历在目。他们有着和成年人一样的恐惧，甚至程度更深，因为现在的世界变得更让人担忧。

孩子对自己所处的社会环境耳濡目染，他对自己家庭的紧张或轻松氛围更是耳濡目染。所以，我们必须对此负责。

因此，从孩子出生开始，我们就应当对他进行有关自信的教育。孩子也能学会面对自己的恐惧，掌握克服恐惧的技巧，分辨真正危险的事物和虚幻的危险事物，经过自己的评估后去承担风险。

44 发现孩子的恐惧

如果人类从未经历恐惧，那么他们是否能够生存？

——侦探小说作家 布丽吉特·奥贝尔

当我们在一条阴暗的小巷里被陌生人跟踪的时候，当我们和事故擦肩而过的时候，我们会发现，恐惧是一种让人十分不适的感觉。然而，人类自起源以来就会恐惧，因为恐惧在人类的进化中有着至关重要的作用。

恐惧是什么？

恐惧让人类和动物一直保持警惕，告知他们危险即将到来。面对一些威胁性的情形，他们必须战斗或逃跑。

面对现今的恐惧（失业、恐怖袭击、污染等风险），我们不能再战斗或逃跑。不断积累的恐惧若是得不到宣泄，就会对产生恐惧的那个人构成威胁。新的恐惧在不断出现，而以往的恐惧也得到了保留。就算我们不再杞人忧天，我们中的大多数人也依然会害怕蛇，即使我们并没有多少机会见到蛇。

恐惧的作用

恐惧是孩子正常发育过程中必将经历的一种情感，甚至是最早出现的

情感之一。“本能”的恐惧，例如对摔落的恐惧，在孩子出生后立刻出现。之后孩子会逐渐表现出欢快、不悦、气愤、抗拒、兴奋等情感。

一些“经典”的恐惧，属于正常现象，也非常普遍。它们可能是孩子焦虑的来源，比如，害怕陌生人、害怕吠叫的狗、害怕和妈妈分开……

你会发现，孩子恐惧的对象在不断变化，有时甚至每个月都在变化着。某些恐惧消失，新的恐惧出现。孩子成熟了，也能越来越好地克服恐惧。在每一次克服后，孩子就能变得更独立。

孩子的恐惧

大部分孩子的大部分恐惧一模一样。随着孩子逐渐成熟，这些恐惧也会消失。孩子接受的教育，也就是家人对孩子恐惧的回应，常常决定了孩子的态度。有的人会走出恐惧，面对未来；而有的人，尽管岁月流逝，却仍旧是童年恐惧的囚犯。

小孩子和大恐惧

我们可以理解 2 岁的孩子半夜钻进父母的被窝里睡觉：他害怕孤独，他在和分离的恐惧做斗争。但是，我们看不起 8 岁还在怕鬼的孩子。

我们不能忘记，孩子感到恐惧是正常现象，我们都经历过这个阶段，孩子的恐惧同样真实、巨大和让人痛苦。孩子不是小大人，不会缓和愤怒、痛苦和恐惧。事实上，孩子感觉渺小、无助和无能。他无法理解自己恐惧的来源，无法面对恐惧。对于他来说，世界到处都是巨人、吵闹的妖怪、凶残的动物和无法形容的危险。

45 区分真正的危险和虚假的危险

恐惧是面对真实的或想象的危险而产生的情感。
它是人体在面对威胁时的正常情感反应。

——心理分析师 诺波特·斯拉密

孩子害怕的东西都是具体的、叫得出名字的。其中，某些是真实的，而某些则只存在于想象当中，例如孩子害怕见都没见过的狼。在真实的恐惧中，有些是对真实危险的反应，例如害怕大狗或害怕街上的陌生人，孩子完全有理由对他们产生怀疑；而有些导致恐惧的原因，却让人难以理解，例如害怕苍蝇或害怕洗澡。

真实与想象的区别

孩子能区分真实和想象要等到“理性思维时期”，也就是 7 岁左右。在这之前，孩子可能害怕邮差，也可能害怕藏在床下的妖怪。比起孩子还未能辨识的真实危险，他本能地更害怕脑海中的人物（尽管脑海中的画面也充满了现实元素）。他不害怕把手放到很烫的烤箱里，也不害怕过马路不左右看，但他害怕晚上巫婆会来他的卧室！

我们必须了解，对于孩子来说，所有的恐惧都不是毫无来由。不管起因如何，恐惧的根本都是一样的。我们不能轻视这个问题，也不能不在乎那些对我们来说“没那么严重”的恐惧。

学会辨识真实的危险

教孩子辨识真实的危险是教育中的重要步骤。它鼓励孩子在行动中产生怀疑或保持警惕感。

父母必须教会孩子，他应当怀疑谁，怀疑什么：为什么不能玩火，如何操纵电子器材，在街上不能跟谁走，如何接近陌生的狗等。但父母也必须说服孩子，一个人睡觉也没什么好怕的，打针不一定会很痛。

避免过度保护

孩子常常没有自卫能力。但是，过度保护的态度只会产生负面的结果——孩子将不会依靠自己。就好像我们让孩子从心理、生理上放下了保护自己的武器。我们替孩子做决定并行动，孩子就学不会照顾自己。然而，孩子最终还是要独自面对现实和危险。

孩子学会自我保护，学会衡量他所冒的风险，能使他走向独立。给孩子自信，对孩子进行必要的训练，让他面对生活中的危险是爱的重要形式，也是减少孩子恐惧的方法。当我们采取主动措施时，当我们知道如何应付时，我们就能感觉自己更强大，就不会惊慌失措。

不要玩火……

仅仅禁止孩子点燃火柴是不够的，他总有一天还是会点燃！我们应当向他解释火的危险性，教会他如何点燃和熄灭火柴，告诉他需要遵守的基本安全措施。向他解释，如果某个物体着火了，应该采取什么行动，同时请告诉他火警电话。

46　谨慎对待分离焦虑

我发现，只要我们离开家去托儿所，诺兰就会非常紧张。
我们进了托儿所的门，他就抓着我不放。
别人要使劲把他从我胳膊上拽开，我才能去工作。
这种情况只持续了几周，却给我留下了难受的回忆。

——一位母亲

每个幼儿对分离都有着焦虑情绪，只是每个人焦虑的程度不同。

如果这种焦虑情绪一直持续，会对孩子独立造成巨大阻碍。如果他们一离开自己喜欢的人就害怕不已，那么他们如何学会自己一个人应对其他事？**正确理解分离焦虑，对孩子的将来有重要作用。**

分离焦虑始于孩子 9 个月大时

直到五六个月大时，婴儿还不能完全区分父母、亲人和他不认识的人，他在陌生人怀里或妈妈离开房间时不会表现出焦躁。婴儿很依赖父母，但父母不在时也不会找他们：他认为父母暂时“停止了存在”。

然后，婴儿 8 个月或 9 个月大时，情况急速变化。婴儿开始察觉到自我的存在，也能察觉到其他人，他能意识到他人的离开。

为了保证自身安全，他绝对信赖照顾他的人。所以他无法接受这些人的离去。过早分离和过度呵护一样，让孩子痛苦不已，难以承受分离焦虑。

如何同婴儿一起应对?

在分离时，婴儿对母亲的态度非常敏感，无论母亲是淡定还是焦虑。帮助孩子面对分离焦虑是一件长期的教育工作，它从孩子出生开始，持续到青少年时期。我们只需要教会他脱离我们，也就是说，学会独立。

下面这些方法能帮助孩子战胜“9月焦虑”：

- 给婴儿一个只属于他的小地方。在这个小地方里，有他的床，有他所有的东西，他在这个地方有安全感。
- 尽早让婴儿学会自主，不时让婴儿在房间里独自玩耍。
- 用一个物品和孩子玩捉迷藏，可以是毛绒玩具或拨浪鼓。在孩子面前，你把它藏到抱枕或床单下面，婴儿在看到你藏好的东西再次出现时会感到开心和放松。因此，他一点点地懂得，你会和这些物品一样，从他的视线里消失，但你还会再回来。
- 当你需要将孩子留在一个新地方或让一个他从未见过的人照顾他时，一定要预留足够长的时间来让孩子适应，这样他才能在没有你的情况下感到安全。

有时，你需要远离孩子一段时间，而孩子也需要一段远离你的时间。可以在婴儿适应了你好几个小时都不在后试着离开他一段时间。如果孩子一开始就形成独立感，并学会依赖自己，那么在父母离开时，他就不会有太多焦躁的情绪。

47 应对分离

孩子 12 个月或 13 个月大时，分离焦虑的反应有所不同。
这时的他知道父母还会回来，但他不想一个人待着。
他害怕这个世界，只想对世界进行短暂的探索后，
马上蜷在父母身边。

如何帮助这个年龄段的孩子独自应对分离焦虑呢？

“玩偶”的作用

1 岁左右，婴儿会在自己所有熟悉的物品中选择一件自己钟爱的“玩偶”。它可能是毛绒玩具，也可能是婴儿的襁褓或小被子，这件物品能够帮助孩子轻松面对分离。心理学家将其称为“过渡性客体”，因为它起着承上启下的作用：它是介于“我是谁”和“我不是谁”,介于“里面”和“外面”，介于“妈妈”和“我”之间的过渡。“玩偶”和孩子形影不离。它安慰孩子，让他忘记大大小小的痛苦；它帮助孩子和父母分离，陪着孩子进托儿所；它陪伴孩子，是孩子睡觉时的小伙伴……

几点有助分离的建议

- 在你的宝贝可以独自活动并变得大胆时，让他自由地、随心所欲地探索周围的环境。因此，你必须保证房子绝对安全。当然，你也应该远远地监督着孩子。

- 充分做好分离的准备。如果你要出门，得把孩子交给保姆，那么请确认孩子认识并喜欢这位保姆。将关于家庭习惯、睡前仪式的所有信息告诉看管孩子的那个人。将你的行程告诉孩子，你要去哪里，你什么时候回来。最好是孩子正在玩游戏或做开心的事情时，迅速地向他道别。
- 如果孩子还是不愿意分离，请让他经常和同龄的孩子或其他成人在一起。如果你所在的地区有“临时托儿所”，可以将孩子放在那里几个小时。

说再见!

千万不要在离开孩子时不告而别。这将对孩子的自信产生灾难性的影响。他会坚信，他必须一直盯着你，或一直拉着你的手，否则你就要消失！即使孩子在分离时哭泣，这也是他应有的权利。请直面分离，冷静而温柔地说再见，进行一个只属于你们俩的道别仪式，然后毫不迟疑地离开。

请使用以下句子：“我知道，我要走了，你有点伤心，但我敢肯定，你会好好的。我爱你，我很快就回来。”不要让孩子感觉你在犹豫或自责，不要让孩子觉得你可以改变主意留下来，不然他会为了达到这个目的而做任何事。请保持坚定的态度。

不要忘了把孩子交给你信任的人，这是父母和孩子双方获得新体验的机会。父母将因此而确信孩子有脱离他们的能力。孩子也会感觉到父母对自己放心，从而产生自信。

48 应对一切变化

我们常常说：离别时刻见真情。
而我们和孩子的感情越坚固、越确定，
和他分离就越容易，分开的经验也越让人受益。

孩子在18个月到2岁时，会快速进步。但他会渐渐发现，自己小小的腿根本跑不完那么大的世界！在对世界的愉快探索中，他常常会经历一些感到不安全的时期。在这些情况下，他会像一只紧紧贴着岩石的贝壳一样，黏着自己的爸爸妈妈……

几点有助分离的建议

- 尽量避免长时间与孩子分离的出差或旅行。如果确实无法推脱，请和孩子保持联系。最好通过视频来交流，这样在聊天时就能看到对方。
- 给孩子足够的时间去适应那些照顾他的人。
- 如果你必须让孩子去其他地方住几天，比如爷爷奶奶家，请先和他一起在那里待一段时间，确认孩子了解收留他的人和地方，并确认孩子对那个地方感到放心。

为可能出现的变化做准备

认真地为孩子生活中可能出现的一切变化做准备，例如孩子进托儿所或母婴助理家的变化。

- 提前几天通知孩子。
- 用简单的语言告诉他这种变化将对他日常生活产生的影响。
- 和他一起参观托儿所并在那里停留一段时间。
- 给予孩子足够的适应时间。

如果孩子对每一次变化都反应强烈

- 和孩子一起度过欢乐又温馨的时光。请确认孩子和你在一起的时间充足，而且这段时间是高质量的欢聚时光。
- 孩子与你之间距离稍远时，给他一个飞吻或说一句甜言蜜语。这会促进孩子独立：他知道，如果他让你走，你会很开心。
- 鼓励孩子独立。与其因为效率更高而代替孩子做所有事，不如鼓励孩子照顾自己。请常常鼓励他，让他自己行动。
- 面对孩子所有的独立行为，请热烈地表扬他，表现出你为他感到骄傲。

49 向孩子介绍"陌生人"

米罗 1 岁时，他突然开始害怕穿制服的人！
邮差、保安或警察，他觉得他们都是一类人，
他会一边号叫一边紧紧地靠着我。这真的很尴尬……

——一位母亲

对陌生人的恐惧和分离焦虑出现在同一时期，似乎所有孩子都这样。这两种情感是有联系的，孩子只有克服它们，才能实现独立。

对陌生人的焦虑

婴儿笑着面对所有人。幼儿只会欢迎亲人，对亲人微笑。如果出现陌生人的脸庞，幼儿就会哭泣；而稍大一些的孩子则躲在自己信任的人后面。所有不是幼儿家人的陌生人，都有可能引发孩子的焦虑。

对陌生人感到恐惧证明孩子能明确分辨熟人和陌生人。从这一时期开始，只要有新面孔出现或只要孩子处于陌生地点，他就会一直躲在父母身后。

父母是孩子安全的保证。随着时间的推移，孩子渐渐才能自信地面对陌生人。对陌生人感到恐惧出现的时间也可能晚于分离焦虑时期，如果孩子生活在小圈子里，几乎从未面对过他不认识的成人，那么这种恐惧就会非常强烈。

学会面对陌生人和新事物需要几年的时间，甚至一生的时间。幼儿喜欢有规律的生活和习惯：对他来说，所有外部的强制变化都是让他紧张的原因。孩子是否继续保持或减少对一切变化和新事物的恐惧，取决于家人的态度。

怎么做?

分离焦虑和对陌生人的焦虑常常同时产生：似乎陌生人的出现提醒着孩子，妈妈可能会消失。因此这两个问题的解决方法是一样的。

- 让孩子习惯见到不同的人：朋友、家人、同龄人和不同年龄的孩子。
- 偶尔把孩子交给其他人，让别人看护孩子一天或一晚。
- 在孩子还没通过足够的时间去了解他不认识的人，且双方互相喜欢之前，不要强迫孩子去接近他们。这种情况下，强硬的态度并不是正确的解决方式。

变得害羞

孩子在成长时，如果他对陌生人或新事物的恐惧没有消失，那么它就会演变成害羞的行为。强迫孩子面对陌生人，嘲笑孩子的羞涩或胆小，只会加重问题。

但善意的激励和支持，常常能帮助孩子战胜困难！

50 懂得应对孩子的恐惧

害怕树叶的人，从不去树林。

——法国谚语

父母手里拥有帮助孩子不被恐惧打倒，反而战胜恐惧的工具。这些工具对所有孩子都适用。我们只需根据孩子的年龄和恐惧的性质，使用相应的工具。

当孩子表现出恐惧时，父母的态度能让孩子归于冷静。因此，**父母不能害怕孩子的恐惧，而且必须向孩子展示：我们可以平静地面对恐惧**。

研究恐惧

虽然孩子的恐惧是“正常”现象，它会在几个月之后消失，但你也不能忽略孩子的恐惧。了解这一点能让你放心一些，它也在告诉你，只要采取理解和耐心的态度，就一定能解决这个问题。不过，如果孩子有无法消除的过度恐惧或影响正常生活的恐惧，你就需要带他去看心理医生。

例如，孩子在开学的前几天哭着不想离开家和妈妈，这是完全正常的。但好几个月以后，孩子还是害怕上学，甚至无法融入班级，就属于异常了。同样地，只要不影响睡眠，那么孩子对黑暗的恐惧也是正常的。

分辨病态恐惧的标准是，恐惧是否影响了孩子的生活，甚至削弱孩子的生活能力？如果是，那么孩子就真的遇到了困难，他需要帮助。

懂得应对

父母应对恐惧的方式对孩子未来的发展有重要影响。

父母需避免以下两种态度，因为它们只会增强孩子的恐惧：

● 对孩子的恐惧反应过度。

说这样的话只会加剧孩子的焦虑："哇，好可怕啊，这只蜘蛛真的好吓人！"或生气地说："好了，别闹了，你怎么像个小宝宝一样，你明明知道这只苍蝇不能对你怎么样！"

父母所有愤怒、焦虑或嘲讽的表现都会加强孩子的焦虑，进而会增长他的恐惧。即使孩子当时为了不让你不快而假装不再担心，他还是会把这种恐惧藏在内心。直到某一天，恐惧会通过其他形式表现出来。

● 完全相反的态度，可以定性为"过度保护"。

保护孩子，不让他经历日常生活中的一切风险，在面对孩子假想的恐惧时过于支持孩子，这种态度只会让孩子更确信：世界是危险的，他无法面对这个世界，因为他太过脆弱。孩子应该直面恐惧，这样他才能看到，他的恐惧里不存在真实的危险。只有做出这样的努力，孩子才会获得独立。

提前焦虑

最后一个建议：请谨防提前焦虑，也就是对还没发生的事情的恐惧。为事件的到来提前准备是适宜的，甚至是不可或缺的态度。但在几天之前就开始害怕，是有百害而无一利的。

当事件发生时再焦虑，就足够了！

51 支持孩子与恐惧做斗争

就算乱叫的狗再小，它让人产生的恐惧也是巨大的。

我们只需在孩子面对恐惧时，冷静而坚决地支持他，而不是让他远离恐惧或保护他不受恐惧压迫。

给孩子强有力的支持

如果孩子害怕猫，父母正确的态度是支持孩子努力面对动物，而不是确保孩子周围没有猫出现。如果孩子以为衣柜里有妖怪，就鼓励他在你的陪伴下打开衣柜，检查里面的东西。

你也可以做出示范。如果孩子害怕接近狗，你可以向他展示怎么做才能辨别狗是不是温顺，怎么和狗打交道，怎么让狗嗅你的手心。假如孩子愿意，你可以鼓励他照你的样子去做。

管理你自己的恐惧

当然，如果你自己也害怕蜘蛛或黑暗，你肯定觉得让孩子安心并不容易！你完全可以告诉孩子你的秘密："我在赶走卧室里的蜘蛛时也很害怕，我不能帮你战胜对昆虫的恐惧。但我不想你有和我一样的困难，所以我希望，在你的恐惧刚出现不久时，你能克服它。"在面对孩子的恐惧之前，你先处理自身的恐惧，尝试战胜它，是更为理智的行为。

另一位没有此类恐惧的家长，也可以负责解决孩子的这个问题。

帮助他，不要让他做逃兵

某些孩子似乎比其他孩子更为脆弱。但焦虑的演变主要取决于孩子管理它的方式。如果孩子逃避那些让自己不自在的情况，或者他利用这种焦虑来获得父母更多的关心，那么他的恐惧就有可能渐渐地根深蒂固。因此，孩子也有变得非常依赖他人的风险。

与之相反，如果孩子常常直面让他担心的状况，同时他得到了父母的支持和鼓励，他的灵活度就会逐渐增强。那么下一次他恐惧的强度就会减小。孩子明白"其实也没有那么可怕"，最后，他可以把这个问题解决得非常好。勇气和成功的经历会鼓励他面对接下来的考验。

鼓励所有积极的态度

- 每当孩子表现出勇气，每当他尝试战胜自身的忧虑，请大力支持他所做出的努力，并向他展示你是多么为他骄傲。
- 当孩子放开你的手，独自朝动物走去，或独自走进教室，或独自爬上滑梯时，对他做出积极的评价，给他一个鼓励的微笑。

激励他，就已足够。强迫孩子做超出能力范围的事情，是没有任何用处甚至得不偿失的。

52 成为魔法师

若是没有魔法，生活的滋味让人难以下咽。

——小说家 米兰娜·阿古斯

我们在此推荐的技巧，绝不会让孩子在将来成为迷信的人。

这些技巧会让孩子明白，他们自身就有足够的力量和能力去独自面对困难。

他们所遇问题的原因和解决方式都存在于他们的大脑中。

想象的恐惧和想象的解决方式

孩子常常对想象的危险产生恐惧心理。**这种想象也可以反过来帮助孩子战胜恐惧**。

我们可以赋予某些物体或动作一些魔力，让孩子变得战无不胜或让恐怖的东西逃离。

孩子很快就会明白，想象中产生的恐惧可以同样用想象中的武器来打倒。他们将看清情况，也知道自己是在想象。

同样，很多自称“理智”的成人，不愿意坐在有13个人的餐桌旁（认为“13”这个数字不吉利），不从梯子下走过（认为这是不吉利的行为），甚至会在考试之前摸护身符。

“神奇的效应”

被我们赋予奇特力量的任何物品都可以产生神奇的效应。你可以这样说：“我捡到了一块小石子。虽然它看起来像普通的石子，但其实它是由很稀有的物质构成的。你把它放进水里一分钟，它就会拥有魔力。只要带着这块石子，你就天不怕地不怕。”

教孩子把小石子放进口袋里，在有需要的时候捏一捏它。比如，对于害怕狗的孩子，你可以向他证明这块石子是有魔力的：“你看，你可以完全不害怕地看狗的照片！”然后，再做一次证明：“把小石子放进口袋，你就可以和毛绒玩具狗一起玩了。”诸如此类。

物体本身是没有任何力量的，但我们可以让它变得有魔力。我好几次运用了这种“神奇的效应”，我告诉孩子，对着针头吹5次，打针就不痛了！

一首歌，一个动作……魔法不分形式

魔法不需要物质支持。一个小男孩按照迪士尼电影中的音乐节奏创作了一首歌曲，这首歌给他带来了勇气。他一个人时就会大声唱这首歌，这样他就感到自己被保护。

简单的动作也能创造“神奇的勇气”。“在很远很远的某个国家，那里的人们常说，我们体内的能量是所有力量和勇气的源泉。但这种能量不断从身体中流逝，所以我们才感到脆弱，才会害怕。如果你的拇指和中指紧紧相靠，那么能量就会不断循环，也不会从身体流到外面。这样会让你更强壮，你可以做以前自己做不到的事情。”给孩子讲这个故事，并演示动作。当孩子被叫到黑板上答题，或在其他一切焦虑状况中时，请提醒他，他可以把一只手放进口袋，让拇指紧贴中指……

53 训练孩子的想象力

想象力让我们调动思想，帮助我们重拾生活的力量。

这个技巧与上一个十分相似，但它适用于更大一些的孩子。此技巧不再谈及神奇的物品或动作，而只谈及**思想的力量**。孩子将明白，他引导自己思想的方式，将作用于自己所感受到的焦虑，因为焦虑来自他的大脑。

如果仅仅提及让孩子害怕的事件，就能让他心跳加快、呼吸加速，那么谈论相反的事情，就能让他身体放松，对自己产生信心，这样也能在某个微妙的时刻分散孩子的注意力。

这些技巧都能让孩子更好地控制自己，产生更多的自信。他会变得积极、强大和独立。

想象的地点

第一个技巧，就是和孩子一起创造一个让他感到舒服、有力量、开心的地方。他能在这个地方掌控局面，没有人能在这里伤害他，他可以在此做他想做的事情，不被现实的规则所限制。每当他感到不自在或想去幻想的时候，**只要他愿意，他就可以通过思想回到这个想象中的地方**。

这个地方只属于孩子。我们可以通过孩子喜欢的东西和当前的兴趣来帮助他找到这个地方。某个孩子愿意在史前公园里，骑在恐龙背上驰骋；某个孩子把自己想象成美人鱼，自由自在地在魔幻海底世界成长；另一个孩子想做滑雪冠军；还有一个孩子坐在飞毯上，飞遍全世界，飞跃自己的困难，只要现实世界里的事情进展不顺利，他就能起飞……

集中精神

使用想象力可以战胜某个具体时刻的痛苦或恐惧。

- 在医生或牙医的候诊室里，你可以建议孩子将注意力集中在某段回忆或某个开心的计划上：生日派对、上一次圣诞节、下一次假期。让他阐述细节、感觉和情感。
- 给他一支笔，让他在大拇指的指甲上画一张笑脸。让他看着这张脸，不要想其他事情。
- 在孩子接受非常痛苦的治疗时抓紧他的手，告诉他痛苦从他的手中传递到你身上，并在你身上扎根。
- 如果他不习惯酒精的味道，在他手背上喷一点你平时用的香水。当他把手放到鼻子面前，他就会想象自己躺在你的怀抱里。
- 发展他的积极思想。我们看待他人或他物的方法可以影响孩子。看到一直吠叫的狗："看，见到我们它好开心，它在用狗语向你问好！"看到小蜘蛛："它逃得好快，它很怕你，你这么大，它那么小！"

通过所有需要动脑的游戏，我们可以暂时忘却恐惧，有时这样做就已足够：说出或拼出丛林里所有的动物、卧室里所有的玩具、嘻哈组合中所有歌手的名字；背九九乘法表；仔细描述一条海盗船；大声唱歌……

应对恐惧

54 帮孩子战胜对动物的恐惧

雅斯敏娜很害怕爷爷奶奶家那只可爱的小狗。
每次小狗一见到她就会跑向她，
叫个不停，往她身上蹭，舔她的脸。
雅斯敏娜不断尖叫，
就好像她面对的是得了狂犬病的猎犬一样……

——一位父亲

某些孩子一开始就喜欢所有的动物，他们毫无顾忌地冲向大大小小的动物，不会意识到其中的风险。而有些孩子，则把动物看作令人惊恐的生物。还有些孩子，在和动物发生不愉快的经历之前，也是很喜欢动物的。

恐惧如何产生

总的来说，孩子在 1~3 岁时开始留意动物。孩子认为动物既有趣又有吸引力，但他们也很快意识到自己不知道如何区别温顺的动物和凶猛的动物。孩子对动物的恐惧不一定只针对大型动物，还针对发出很多叫声、过快靠近或积极反抗的动物。

这种恐惧极为正常，它在孩子五六岁时会逐渐减弱，到最后只剩下一些具体的恐惧，例如害怕蜘蛛或蛇。这取决于孩子和动物之间的联系。如果孩子和某些动物有过不愉快的经历，孩子就可能产生较为顽固的恐惧。

怎么做？

孩子面对害怕的动物时，他的反应可能会非常激烈：叫喊、哭泣、颤抖。我们不能轻视这种恐惧。

- **越常接触动物的孩子就越不会害怕它们**。如果你们家里没有宠物，那请为孩子创造机会，让他们多接触动物，多和动物玩耍。
- **让孩子学会尊重动物，学会正确对待动物**。有时，因为孩子攻击了动物，动物才会使用暴力保护自己。教会孩子不要在动物在场时吃它喜欢吃的东西，也不要和动物分享自己的零食。动物在吃饭时千万不要打扰它，哪怕是抚摸它也不行。请不要忘记，即使是我们熟知的动物，它们的反应也不可预测。
- 如果孩子对动物的恐惧由不愉快的经历引发，那么这种恐惧就很难消失。请务必去了解孩子到底在怕什么：害怕被抓、被咬、被蹭，还是怕动物的叫声等。
- 请注意你自身的行为。孩子以你为榜样。你感受到却不想表现出来的恐惧，孩子能察觉到。当你们一起去有狗的人家里，孩子表现出犹豫不决时，你可以走向那只狗，和它交谈并抚摸它。但不要强迫孩子做一样的事，如果你感觉孩子有些动摇，你可以鼓励他去战胜恐惧。如果你经常做出友好而积极的行为，孩子也会愿意模仿你。
- 抓住一切让孩子和动物“间接”接触的机会。根据孩子的年龄给他买关于动物的书，和他一起看有关动物的儿童电视节目，带他去参观农场等。

55 理解孩子对黑暗的恐惧

以前可以适应黑暗的孩子突然要求晚上一直开着灯，
孩子说害怕恐怖的阴影、晃动的东西或藏在床下的怪物……
几年以后，正如它忽然地到来，这种恐惧又忽然地消失。

——托儿所所长 弗朗索瓦兹

对黑暗感到恐惧是良性的反应，几乎所有孩子都会出现，并表现出不同程度的焦虑。如果这种恐惧在夜晚孩子醒来时出现，孩子就会叫喊、哭泣或悄悄睡到父母床上。如果这种恐惧在傍晚出现，孩子就会拒绝睡觉并强烈反抗。

恐惧产生的原因

造成恐惧的原因有多种。可能是一场噩梦所致，或“藏在床下的妖怪”造成，对大一点的孩子来说，还可能是因为害怕盗贼。

深层次原因也多种多样。**黑暗造成孩子失去视觉参照物**。孩子看不见爱他并让他安心的人，也看不见自己熟悉的环境。夜晚孩子醒来时完全迷失了方向，他处于黑暗的世界中，只有奇怪的声音传来，这很可能会让孩子惊慌。

另外的原因是分离焦虑和被遗弃的焦虑，而它们会长期存在。晚上，我们独自面对自我时，黑暗也会让人脆弱。

孩子在成长时能逐渐增强自我保护能力，抵御这种焦虑。接近 6 岁时，他更容易分辨真实与假想。他可以控制自己的思想，也不再那么害怕黑暗。

怎么做?

- 不要轻视孩子的恐惧，也不要嘲笑他。和孩子一起在黑暗中静坐片刻，找到孩子害怕的具体事物——黑暗里有阴影，想象力又对它进行了加工。和孩子一起仔细观察黑暗里的环境，然后打开灯，安慰孩子。
- 如果确实有需要，就在孩子的卧室里安装一盏小夜灯，将它放置于合适的地方。孩子晚上醒来，这盏灯可以指引孩子，让孩子迅速定位。当然，只有我们直面恐惧时它才会消失，但太小的孩子是无法直面恐惧的。对黑暗的恐惧是正常现象，它会自己消失。
- 利用白天克服对夜晚的恐惧。比如，和孩子一起玩蒙眼的游戏：用围巾遮住孩子的眼睛，指挥他穿过房间，让他用手去探索和发现。
- 孩子学会使用手电筒后，可以给他一个。他就能探索卧室里的每一个角落了。
- 有时，对“黑暗的恐惧”其实是对分离感到恐惧的表达。孩子害怕父母不在身边，独自一人待在卧室里，他就会说自己害怕狼或其他东西。这种恐惧只是孩子想让父母陪他的一个借口。
- 告诉他几句积极又有“神奇效应”的话，让他即使一个人也感到安心：“没事没事，我很安全。我可以好好睡觉。”

56 开导孩子对走丢的恐惧

这种恐惧不属于假想的范畴：
在公共场所，经常有孩子短暂地迷失。
然而，当孩子独自散步或探索世界时，他的信心的基础，
就是会问路、找到路以及知道如何应对的能力……

这种恐惧从何而来

当一家人在大型多功能场所里闲逛时，孩子就会产生恐惧的感觉。**噪音、灯光、人群——孩子忽然有不安全感，**害怕自己一个人待在这种地方。他紧紧地抓住父母，坚决不放手。

焦虑的丽露

丽露今年6岁，是一个特别容易焦虑的孩子。当我带着她和妹妹外出散步时，她总是害怕弄丢3岁的妹妹。她监视着妹妹，不断检查我是不是拉着妹妹的手。事实上，她在要求我保持高度警惕时，也是在保护她自己。我觉得很奇怪，我从没在商场里弄丢过这两个孩子，不知道丽露的这种恐惧从何而来。

——一位母亲

孩子可能有过独自一人在人群中走失的经历，这种恐惧既和我们谈论过的分离焦虑有关，又和对空间与人群的恐惧有关。孩子意识到自身的脆弱，也意识到自己难以独自应对。

怎么做？

当然，我们最好不要弄丢孩子！但孩子总免不了在好奇心的驱使下去小巷子里寻找吸引他的东西。所以，**我们一定要让孩子对这种情况有所准备**：“不要离我太远。如果你发现我不见了，千万不要着急，也不要动，待在原地，我很快就会回来找你的。”

这几条简单的指导，请和孩子重复练习，这样能让孩子更相信自己。

- 让他戴颜色鲜艳的帽子或穿颜色鲜艳的外套，你可以在远处发现他。
- 孩子足够大时，教会他如何冷静地行动，教他必须向商场工作人员或售货员求助，而不是向路人求助。请确认他可以清楚地说出自己的姓名、年龄和父母一方的联系方式。
- 不要夸大走丢的后果。
- 坚持让孩子待在原地不动，不要让他去找你，让他留在你们最后一次见面的地方。
- 坚定地告诉孩子，你绝不会丢下他离开。

当他走丢后，你又找回他时，不要骂他。请表现出你松了一口气，并表扬他做得对的地方（没有乱动、没有惊慌、求助等）。

所有这些准备都可以在家里通过角色扮演的形式进行。在进行了一番安全指导后，家庭成员也都会感到放心。

57 耐心面对孩子对水的恐惧

害怕双脚不着地、脸上的水花让人很不舒服、水里感觉冰冷……这些都是孩子拒绝“入水”的原因。

学会游泳：预防对水的恐惧

所有父母都幻想自己的孩子能毫无顾忌地跳进水中，快乐地戏水，独自学会游泳。在所有我们希望传授给孩子的能力当中，游泳是十分重要的能力。

怕水的冉娜

冉娜的两个姐姐很喜欢水。在我们教她们游泳之前，她们就已经会“狗刨”了。而冉娜则完全相反，只要一接近水，她就会大叫！其他人都在游泳时，她一个人坐在草地上的大澡盆里，没有人强迫她，姐姐们的兴趣带动了她。冉娜5岁时，终于带着游泳圈下了水。现在，她游得很好。

——一位父亲

教孩子游泳是完全可以实现的计划，除非孩子怕水，他甚至怕到不能站在淋浴室的喷头下！这种对水的恐惧通常出现在与水相关的不愉快经历之后，或因为孩子不够熟悉水。孩子对水的恐惧也可能反映出父母中某一位对水的恐惧。

怎么做？

- 提前准备。孩子越早和水接触，就越会把水当作**游戏的对象**，他就不会害怕水。
- 你和孩子在一起时，如果他在水中滑倒、将头埋进水下或眼睛里进了水，不要做出过度的反应。你反而应当强调身体被淋湿、在水中吐泡泡、荡起水花等玩水的乐趣。
- 如果你住的地方有条件，可以带孩子去儿童游泳池。如果没有，孩子 3 岁起，你就可以带着他去游泳池，在安全的小池子里和他玩。
- 探究孩子具体在害怕什么。脸上溅水？鼻子里进水？寒冷？脚不着地？情况不同，解决方法也就不同。
- 总结一个渐进的方法，不要强迫孩子，而是从少量温水开始，让他慢慢地习惯水，让他发觉其中的乐趣。宽慰孩子并在他每次进步后表扬他。帮助他寻找动力并不断鼓励他。
- 只要孩子同意，就让他尽早通过一对一课程学会游泳。选择一位善解人意又经验丰富的游泳教练。孩子一旦在新的环境里感到自如，一旦能在水中掌控自己的身体，他就不会再害怕。

58 抚慰孩子对“坏人”的恐惧

安全问题已成为媒体老生常谈的话题。
在某些地区，入室盗窃十分频繁，
绑架孩子的案件也在不断地警醒着人们。
难怪孩子们会担心安全问题……

让人担忧的叮嘱

所有父母都会告诉孩子，和陌生人说话或跟他们走非常危险。再加上孩子对黑暗的恐惧，我们就能理解为什么孩子常常会害怕遇到坏人。孩子晚上一个人睡在卧室里，看到墙上的影子或听到走廊里传来的嘎吱声，他都会以为是坏人出现了。这种更真实的假设取代了孩子想象中的怪物……在家庭之外，孩子怀疑并躲避所有他觉得看上去不值得信任的人。

害怕小偷的西蒙

西蒙害怕小偷，所以不想一个人待在家里，就算一小会儿也不行。他也不想一个人走到走廊的尽头。爸爸或妈妈必须陪着他上厕所。到了晚上睡觉的时候，西蒙会检查好几次大门是不是反锁了，因为爸爸经常忘记反锁。他们这幢楼有过几起入室盗窃案，虽然没发生在他家，但他还是很害怕。

告诉孩子他可能会遇到的危险并帮助他保护自我是很正常的。但当危险变得过于恐怖，甚至到了让孩子无法入睡，无法在日常生活中信任他人的地步，那我们就应该减少这种恐惧。为防止出现危险而对孩子进行的叮嘱，应当用于保护孩子，而不是吓唬他们。

怎么做?

- 告诉孩子，晚上你在家里采取的安全措施——反锁大门、关窗等——让小偷无法入内。
- 让孩子执行几条简单的安全守则：不要在电话里告诉别人他一个人在家；不要给陌生人开门；如果听到异常声音，躲到爸爸或妈妈身边来，等等。让孩子对自己的安全负责，也就是给予他自信。
- 仔细回答他对时事（绑架、强奸幼童等）提出的问题，安慰他，告诉他很少有人会做出这么可怕的事情。
- 不要让他观看谈及以上问题的电视节目。不管是什么类型（报道、新闻、访谈或电影），都会对孩子产生显著影响。他会把自己当作节目里谈论的那个小孩，认为总有一天会轮到他。
- 在孩子的卧室里放置一盏他可以够得到的灯。
- 睡在阁楼里能让孩子安心。其实比起入室偷窃，孩子更害怕受到人身攻击。因为在阁楼里没人能看到他，所以他会感觉自己得到了庇护。另外，和哥哥或姐姐共享一间卧室的孩子，感受到的害怕少于独自入睡的孩子。

59 共同面对孩子对被孤立的恐惧

8 ~ 10 岁的孩子十分重视朋友。
被小团体接纳是很关键的，也对自己有保护作用。
被群体排斥则让人痛苦。

难以理解的痛苦

不自信的孩子可能会产生社交恐惧，害怕自己被遗弃。有时他知道其中原因，有时他不知道，父母也很难理解这些现象。父母总是希望孩子可以肯定自我，他们无法接受自己的孩子不能融入集体的事实。

当保罗吵着要和朋友们一样的卡片时……

“我只有投降了，我给保罗买了所有小孩都在收集并在课间互换的卡片。一开始，我并不同意：这些卡片太贵了，保罗也不觉得这些卡片有什么意思。但他开始察觉自己和他人不同，自己被排斥，就因为他没有这些卡片。他告诉我没人愿意和他玩。我当然认为他在夸大其词。他其实是在表达自己对孤单的恐惧。我知道他有些难以在学校找到自己的位置，所以我给他买了这些卡片，让他可以和别人交换。如果这样能帮他的话……”保罗的妈妈这样说道。

孩子的这种恐惧可能通过几句话表达出来："我不穿这条裙子，这让我看起来好可笑！""我一定要给萨拉糖果，不然她就不愿意和我玩了。"

对童年有一些记忆的成人都知道，课间休息的场所可能变得有多残忍。

孩子害怕别人不喜欢他，所以总是努力地去附和群体。感觉自己被孤立是非常痛苦的事情。

怎么做？

- 即使孩子犹豫不决，也要和他谈论此事。虽然他害怕、抱怨，会没办法准确描述事实，但是如果他想解决问题，我们就必须知晓究竟发生了什么事。
- 我们都清楚，孩子之间的友谊和结盟瞬息万变。但有时，问题可能比想象的严重。比如孩子必须做出某些行为（给钱、在操场上下跪），才能被帮派接受。这种情况下，我们必须联系老师或直接联系欺负自己孩子的人。
- 对你的孩子表示理解，和他一起分担他的忧愁，但不要过度保护他，因为这样只会加重他的恐惧。家是包容和温馨的地方，学校则是他必须学会管理自己社交关系的场所。
- 向孩子展示需采取的态度。教他辨别真朋友——那些不会伤害他的、诚实的、善良的、可靠的人，而不是欺负他的人。鼓励他去接触他自己选择的伙伴。告诉他为什么要拒绝感情欺诈。
- 邀请孩子的朋友来家里，观察他们之间的互动，在必要的情况下温和地介入。

最后，请记得一切都需要时间：孩子将需要一段模仿他人的时间，也需要一段接受并肯定自身不同的时间。

60 训练孩子在公众面前讲话

在公众面前讲话的恐惧，可能在孩子任何年龄出现，
但在孩子进入初中以后，它会成为严重的缺陷。

从孩提时代起，有些孩子不用别人要求就能轻易登台背诵诗歌，而同样的情况下，有些孩子却一个词都说不出来。

在课堂上，这种恐惧让人局促不安——孩子惊慌失措，完全不能向老师展示自己。在日常生活中，它也让人非常不快——孩子不敢问路、不敢提问、不敢表演小戏剧或不敢要求别人还钱。

当提摩得脸红时……

“我不知道为什么我无法在班级同学面前背课文。我在家里都能记住课文，可是老师一问我问题，我就慌张。他一说我的名字，我的脑子就空了。我开始脸红。我意识到自己脸红时，就会感到更加不自在。我觉得大家都看在眼里，他们会嘲笑我。就算知道问题的答案，我也从不举手，因为我害怕在大家面前出错。英语课上，我整年没有说出一个单词……我和两三个人在一起时情况还好，但如果人更多一些，我就不说话，只听别人说话。”12 岁的提摩得说道。

这种恐惧当然和孩子害怕别人的评判相关。在家庭之外，孩子总体来说比较羞涩，害怕出丑也怕被别人嘲笑。我们必须帮助孩子战胜这种恐惧，因为它不仅是痛苦的源头，也是成年之后的一种缺陷。

怎么做？

- 确认孩子具体害怕什么。知己知彼，百战不殆。在公众面前讲话的恐惧背后可能藏着对惊慌的恐惧、对出丑的恐惧等。是在课堂表现将计入成绩时，他才会害怕当众讲话，还是不管任何情况下，他都在害怕？听众的组成是否影响他？他尤其害怕大群体、小群体还是男女混合的群体？
- 教孩子一些放松的技巧。焦虑让气息不畅、呼吸加速。放松下来，对气息进行管理和控制，重新掌握呼吸，也就掌握了话语。训练孩子缓慢地深呼吸，放松肌肉，他就会取得进步。
- 能力战胜胆怯。很多文章和书籍都涉及在公众面前讲话的技巧。如果青少年通过一些实践来锻炼自己，他就能成为优秀的演讲家，他将掌握一些在忘词时不失体面的“救场方式”，他也会重拾自信。讲话变成了一个挑战，一个游戏。
- **不要让训练的机会溜走**。要求他向家人介绍他刚读完的书，在大众面前向演讲者提问或参加戏剧班。让他站着背课文，就好像他在教室里一样。

61 让孩子远离当前的恐惧

每个时代都有每个时代的恐惧。
即使如今的孩子不再害怕天塌下来，
他们也不缺害怕的理由。

恐惧的变化

“经典”的恐惧仍然存在，而近二三十年，更现代的恐惧也加入进来。例如，害怕盗贼和强奸犯，害怕被空袭或被侵略，害怕自己（或家人）被袭击、被跟踪、被绑架或出事故。政治恐惧（战争、侵略、核武器、恐怖主义）从孩子的游戏中也能反映出来。除了社交恐惧（被遗弃、失业、贫穷）和生理恐惧（变胖、吃对身体不好的食物），还有生态恐惧。

害怕长胖的米利亚

米利亚在面对食物时举止非常奇怪。几个月以来，她不断挑拣食物，也很少吃自己喜欢的东西，就是因为她害怕长胖。但其实她很瘦，也不容易长胖。她拒绝吃蛋糕，也不会给面包涂上黄油。她不停地和她姐姐谈论体重，还以体重为标准评判所有人。她每天都会称重，似乎对长胖有着深深的恐惧，没有人能减轻她对长胖的焦虑。这好像是青少年才有的行为，但米利亚才 11 岁，她还是个小女孩。

造成这些恐惧的原因，很大程度上归结于电视的不良导向，电视将虚幻和现实混为一谈。而对父母离婚的恐惧，则可能是因为孩子有父母离异的朋友，所以父母一旦吵架，他就害怕他们离婚。对孩子来说，离婚就意味着让人痛苦的变化和破碎的家庭。它意味着孩子将面临不知做何选择的矛盾，他也害怕失去其中一位家长。

怎么做?

- 和孩子平静地交谈，让他得到安慰，减轻焦虑的程度。用适合他年龄的词汇和概念向他解释事情的真相。在网上寻找正确的信息和准确的数据。逻辑能启迪理性思维，抵抗不理性的恐惧。
- 家庭氛围让人安心，孩子就不会那么担心。
- 不要忽视被孩子误解的媒体或时事。不要让容易焦虑的孩子独自收看新闻或观看某些过于让人紧张的电影。和他一起看，谈论孩子可能会产生的情绪，这可以帮助他理解和“消化”这些信息。
- 请安慰孩子，虽然父母平常吵架，但他们之间的爱是持久的。
- 如果有离异的打算，请保证孩子在这段创伤性的经历中受到的伤害越小越好。

从某些角度看，世界是很危险的！我们也就理解为什么孩子们获得成长和独立，是那么困难的事情了。但经过仔细思考，再读读以前的文章，我们会发现情况一直都这样。所有时代都会产生与之对应的恐惧。每一个人都必须面对它们并克服它们，才会成为真正的成年人。

62 让孩子谨防性骚扰

我们越来越多地谈论性骚扰，
但这并不说明性骚扰在更频繁地发生，而是说明人们敢于谈论。
传递信息和倾听至关重要。

所有想有效地让孩子提高警惕的家长都会面临以下两难境地：

- 如何在不让孩子担心或害怕的情况下，传达信息？
- 怎么在尊重孩子自主的前提下，保证孩子的安全？

正确的风险

父母的焦虑无法保护孩子。**我们应当去了解真正的风险，而不是一味地胡思乱想**。例如，超过半数的孩子受到的侵害都是由他们不会怀疑的熟人造成的，而孩子一般只会害怕陌生人，或“看起来很奇怪”的人。

维护自己的权利

害羞、有教养、低调或不自信的孩子会觉得很难维护自己的权利，也很难反对有说服力或严苛的成人。我们应该教会孩子：**即使在权威面前，他都有权利说不，也有权利捍卫自己的观点**。

被过度保护的孩子更加脆弱，因为他们没有学过如何独自应对困境或如何保护自己。孩子在慢慢学着获取自由时才开始准备好面对世界。

高效的叮嘱

告诉孩子性骚扰的存在并非易事，让他们知道一些丑恶事实会让他们失去一部分纯真。但这也是预防性骚扰而必须付出的代价。我们只有了解潜在的危险，才能更加警惕。我们可以说：

- 一些人心理有问题，所以他们会去摸小孩身上不应该被摸的地方，甚至有些看起来很善良的人也会做坏事。你的身体属于你。任何其他人，就算是亲近的成年人，都没有权利触摸你身体的私密部位，而且这样也会让你感到不自在。
- 任何人都没有权利触摸你身上被“游泳衣遮住的部位”（除了医疗原因）。不要相信那些让你保守秘密的人，“正常的”亲吻是不需要隐藏的。

有针对性的学习

孩子必须知道，如果他处于这种不寻常的情况中，并且感到危险时，他具体应该怎么做。简单的教导才能被记住：“有大人要你保守秘密，你千万不要相信他，而且你要告诉我。”“千万不要和陌生人一起走，就算是帮他忙也不行。”“说不，并不是不礼貌。”“如果你需要帮助，就进一家商店求助，或告诉一群人，或随便敲街坊的门。”……如果你想知道孩子是不是记住了你的叮嘱，那就和他玩“如果……”的游戏：“如果你放学了，我没在校门口，你该怎么办？”“如果有人亲了你，然后让你保守秘密，你会照做吗？”

我们不可能让孩子一直待在我们的眼皮子底下，所以传递关于危险的信息，进行实用的叮嘱是最好的预防措施。

第六章

赋予孩子翅膀

好奇心、创造力和梦想

63 刺激孩子的求知欲

好奇心强求不来。它经启迪而产生。

——达尼埃尔·佩纳克

孩子生来就有好奇心。只要能力允许，他就会进行探索。

他从研究自己的双手、双脚，以及别人放进他手中的玩具开始。然后，很快地，他会抓住玩具，摇晃它、用嘴衔着它、用力咬它、拆开它……**他在做实验**。

好奇心是求知欲的基础

孩子很早表现出的好奇心就好像他在对我们提出以下问题："我可以对世界感兴趣吗？你们接受我探索世界和适应世界的方式吗？"

如果周围的成人明确表示接纳孩子的好奇心（即使这需要成人更多的陪伴时间），孩子就能接收到积极的信号，从而学会很多东西……

他一学会说话，便会使用语言来满足自己的好奇心："为什么草是绿色的？""为什么狗不能和我一起睡觉？""为什么我不能再吃一颗糖？""为什么我的气球飞走了？"这一连串的"为什么"完全没有尽头！对于父母来说，这些问题似乎毫无意义，也有些让人厌烦，但孩子将在这些基础上，判断好奇是不是好事，父母是不是好的对话者。

孩子如何学会学习

回答孩子的问题很重要，而让孩子去实践更重要。

提问和实践是孩子拥有的两大基本能力，这两种能力对智力的发育至关重要。让孩子在一个可以提问和实践的环境下成长，就是确保他心中那盏“好奇的灯”始终明亮。

孩子想要变得独立，就要让好奇心指引他去了解世界。

怎么给予孩子这样的环境呢？这并不难。**只需保证孩子可以实现多种直观的经历即可，而不是一味地向他解释**。

比如，城里的孩子知道什么是猪。他在书里见过，我们也给他读过《三只小猪》的故事，他可能也知道火腿肉就是猪肉。

但这种理论知识，和去农场里看真的猪，看它真实的大小、闻它真实的味道、听它真实的叫声相比，有什么共同点呢？完全没有！

孩子需要“第一手”的经验。当然，我们必须按照他的年龄来选择可以获取的经验。

孩子为何变得不学习

孩子不断听到以下句子：

- “不要碰它！”
- “放手，脏！”
- “你把洋娃娃的裙子穿反了。”
- “如果你只是想在叶子上画画，那就别找我要叶子……”
- “让我来，这样快点。”
- “好奇心是个可怕的缺点。”

64 和孩子一起画家庭树

每到圣诞节，我们都会进行儿子们非常喜欢的传统活动：
一起看老照片，讲述过去的回忆，比如
高祖父母、失去联系的表兄弟、好笑的故事……
每次都是不一样的体验。

——一位父亲

作为“自己人生的书写者”，你有自己的记忆、过去和价值，你应该把它们传承给孩子。传授你坚信的元素，让孩子成为自己人生的主宰者。传承，就是授予工具。

在传承中教育

我们越来越难传授给孩子一些东西。以前的孩子在车间里走来走去，在田地里帮忙干活，那时的传承是很自然的事情。

现在我们生活在各自的世界里。孩子不了解父母的职业，大部分都不想接父母的班；我们不敢说出自己坚信的东西；“自由、平等、博爱”也不再时兴。我们不知道该传授什么！

然而，如果我们不再传授，就不会再有书写者，不会再有权威，不会再有联系。传承历史、记忆、价值，并不是为了让孩子按原样执行，而是让他们有参考标准，懂得摒弃什么，延续什么。**传承，是为了让孩子在一**

条稳定而严密的线路中，找到自己的位置。

传承历史

给孩子讲述家族历史非常重要，包括家族文化、家族根源等。

不要忘了，孩子不是来自一个家庭，而是两个。所以他在父系家族和母系家族中都要找到自己的位置，他的位置处于两个家族的交界处。

和孩子一起画家庭树是很有趣的事情。

- 家庭树让孩子清楚地看到父系和母系家族成员间的联系，尤其在现代离异家庭和重组家庭中，弄清关系并不容易。
- 家庭树让孩子有“归属感”，他是比他自身、他的“核心家庭”（爸爸、妈妈和孩子）更为广泛的实体。他将发现自己从何而来，并把自己归结为某个世系中的一员。而且，这种归属感是自信和独立的关键。当我们知道自己从属于什么时，就更容易变得自由。

你对家庭树不太了解？

在家谱学书籍中或网上很容易找到一些模板。正方形代表男人，圆形代表女人……孩子可以写上每个人的名字，找对应的照片。然后你把照片贴在家庭树上，讲一些关于每个成员的故事、共同的回忆。

差材料、差出生日期？这是对近亲或远亲进行调查的机会，也可能是重新和他们打交道的机会！

65 让孩子面对世界

我登上一艘词汇的小船，完成了一段美妙的旅程……

——巴尔扎克

对于幼小的孩子来说，他的生活环境就是探索的源泉——可以在公园里玩捉迷藏，可以去邻市参观，可以去探索城堡或博物馆。

但是，孩子成长期间，他的好奇心将突破距离的限制。**孩子意识到其他国家、其他语言和其他传统的存在时，向他介绍这些事物会非常有趣。**

利用书籍、电影和电视节目……

- 一些童书里有对不同国家孩子生活的详细介绍。你和孩子可以一起读并评价这些书。
- 旅游杂志也是谈论“地球上其他地方”的好工具。
- 纪录片频道里，不管是关于动物、风景、传统还是文化的节目，质量通常都很高。孩子不会在第一时间去看这些节目，但和他们一起看、一起惊叹，能够很快培养孩子看这些节目的兴趣。
- 假如你的家庭成员有外国血统，或者你有表亲住在远方，你就可以向孩子谈论、讲述这些事情，也可以向他展示照片……
- 你的邻居里有人来自国外吗？去认识他们——这是带孩子学习的机会！

每月组织一次“国际晚会”

选择一个主题，例如日本。提早选定主题，让所有人都有时间咨询和准备。

我们可以设计许多活动：

- 参观日本文化馆或日本旅游局，获取资料。
- 去图书馆借摄影集，在网上选照片。
- 按日本人的方式穿衣或装扮——穿上和服，头发里插上发簪。
- 在地图或地球仪上标出日本所在的位置，也可以在电子地图上搜索日本。
- 简单地介绍日本的地理和历史。
- 听日本传统音乐，探索音乐节奏和语言。
- 朗读一首关于日本的诗歌或故事。
- 每个人都写一首俳句（日本十七个韵脚的短诗）。
- 用日本的食材、佐料和烹饪方式准备晚餐。

每个人在晚会中都有一定的作用，我们准备、参与、尽心尽力，这次晚会将是让人难以忘怀的经历。我们也可以邀请一些朋友来参加。

下个月？选墨西哥吧。

66 在游戏中学习新事物

保养大脑，只需运用新事物和热情。
学习是一场从不停息的游戏。

不要忘记你是孩子的榜样。你若向孩子表现出学习新事物的愉悦，他们也会跟你一样。和孩子一起学习，教他们东西，也从他们身上学到东西……在学习中度过快乐时光的方法有千万种。学到其他朋友都不知道的东西时，孩子会非常骄傲。

一周一词

扩展孩子的词汇量是发展思维的趣味方法。它也是每个家庭成员都能参与的活动。

每个家庭成员轮流在字典里寻找“新”词，把这个词写下来贴在冰箱上。然后，我们向孩子解释这个词，观察这个词怎么写。如果有可能，我们也可以给这个词配上图片。

从中产生的游戏，就是在接下来的一周里，所有人要尽量既恰当又频繁地使用这个新词。每用到这个词一次，就加 1 分。周末再算总分，看谁获得冠军。

到了年末，就有 52 个新词进入家庭词汇表里！

和孩子一起学习。

喜欢学习、兴趣广泛的父母赋予孩子对探索新道路的热爱。对每个家庭成员来说，这些新道路可能不尽相同，但他们可以一起分享。

我认识一个家庭，他们一家人在每年开学时列出一些需要探索的新主题：书法、哑语、素食、瑜伽、天文学、刺绣、传统音乐……每个人根据自己的年龄、性别和兴趣，对主题做一些调整。接下来，他们会按计划来一起学习新知识。

你也可以只选择一个主题，然后全力支持孩子进行完全不一样的计划。我们的重点是让孩子学到新的知识，开发新的能力。

让孩子教你

让孩子对学习产生兴趣、掌握知识的最好方法就是让他教你东西。这样能让他学到的东西产生价值。**他能够向你解释自己所学，让你去发现这些东西，他会为此骄傲**。

你可以问他在学校里学到什么历史和科学知识。他甚至能告诉你怎么使用你的新智能手机，怎么使用蓝牙！

而他学到东西后，再把东西教给你，就更有趣了：掌握一种知识的最好办法就是把它教给别人。这种知识可能是弹奏一首钢琴曲、朗诵一首英语诗歌、演唱新学的歌曲、玩智力游戏、记住一个国家所有地区的名字、学会柠檬蛋糕的做法，等等。

67 鼓励孩子自己做事

老师的作用，就是孕育人才，让学生展开双翼，看着他飞翔。

——皮埃尔·波特罗

自立就是自我行动的能力。所以，我们应当鼓励孩子“付诸行动”，而不是替他做事。可以通过寓教于乐的方式鼓励孩子不断创造，寻找自己的答案。当然，你不仅必须帮助、鼓励、肯定孩子，也必须保持热情……

创造

鼓励孩子发挥创造力的方法数不胜数。以下是几种你可能还没采用过的方法。

- 做一个剪贴本。剪贴本就是孩子用来写东西并保存一些小物品的本子或文件夹。一张电影票、朋友的照片、誊抄的一首诗、一张明信片、一幅画……我们在旅行或度假的时候，经常会做个剪贴本，但为什么在日常生活中我们就不能保持这个习惯呢？这个小空间可以让孩子自由地表现他的创造力。它也是孩子用艺术的形式表达自己深有感触或热爱的东西的方法。
- 对于年龄更大的孩子，喜欢上网的孩子，已经过了做剪贴本年龄的孩子，可以开一个微博，这也是表达创造力的有效方法。
- 歌曲再创作。有些歌的旋律朗朗上口、深入人心。让孩子给这些歌创编新歌词。你安排的主题可以是“我”，也就是歌颂自己的歌曲……鼓励他写出既夸张又幽默的歌词！

寻找自己的答案

孩子经常提问题。有时，他们把父母当作百科全书——怎么写某个词，某人在哪一年出生或怎么做出某个物品……问爸爸妈妈比自己寻找答案快得多。但是，总是告诉孩子答案并不是让他们独立的方法。

如果孩子还小，我们可以打开书本或电脑，和他们一起阅读，直到找到满意的答案。**孩子不仅学到了知识，还会发现对知识的追寻同样有趣**。

我们可以让大一些的孩子直接去图书馆或网上寻找相关信息。请检查他们是否做了这件事，因为很多孩子都懒得做。最好的检查方法就是跟踪事件进程：“你知道拿破仑在哪一年去世了吗？我也想知道！”

保持崭新的视角

学习、创造、发现、体验，是习惯和日常的反面。为了让孩子保持对事物的新视角，你可以：

- 把客厅里某个物品调换位置，让他猜是哪个东西。
- 要求他在去学校的路上观察，找到自己以前从未见过或注意到的东西，然后再让他给你描述这个东西。
- 观察某个普通的、日常的物品（遥控器、擦丝器……），让他表演第一次见到这个东西的场景，然后再让他像外星人一样研究这个物品。

68 让孩子在舞台上演出

我们想把生活搬上舞台，也想将舞台融入生活。

——儒勒·雷纳尔

在戏剧舞台上扮演精心挑选的角色常常给予我们参与“真实生活”的勇气。在成为关注焦点时，我们就有不断进步并战胜羞涩的动力。有时，我们对独立范围的扩展，就差这么一点动力。

日常生活小剧场

你的孩子在背诵课文？让他在家庭成员面前朗诵，并注意语音和语调。他在学历史？他可以像念史诗一样，向你讲述这段历史。

你也可以让这些娱乐性的练习变得更正式一些：

“每周六晚，我们举办一场‘家庭秀’！晚餐前，我们都到客厅里。每个人轮流表演五六分钟。表演形式多种多样——讲述电视剧的某一集、这一周里发生的趣事、新学到的笑话、一首诗、一首歌……所有有趣的内容都可以。”

以下为两个重点：

- 每个人都参与，并尽心尽力地表演。
- 观众很积极。所有人都鼓掌。禁止批评。

大型表演

你有好几个孩子？让他们组成组合！你只有一个孩子？请他的朋友、邻居或表亲加入组合。然后让孩子们准备一场演出。这样做的目的是让他们一起表演，而不是每人表演一个单独的节目。

由组合成员决定节目内容：木偶戏、舞蹈、戏剧、体操、魔术或模仿秀等。你也可以建议他们模仿家宴的场景或模仿父母等。然后，让他们自己准备。

由孩子来设计表演、编剧、彩排，并在规定的那一天进行表演。他们可以写节目单，在中场休息时给大家分发饮料……

作为成人观众，你什么都不用做，只需要欢笑、喝彩和鼓掌！

在没有父母的帮助下做某件事，然后受到大家赞赏的孩子，就是一个被鼓励继续朝这个方向——独立的方向——前进的孩子。

69 分享孩子的梦想

对未来的想法比未来本身更丰富。

——亨利·柏格森

你的孩子有梦想。他畅想未来，想象自己做某个职业，也可能想象自己以后的家庭生活。他肯定很开心能和你分享他的梦想，所以你必须认真对待。

他没有想法？鼓励他想象未来。这能让人产生前进的欲望。

当精神能自由创造、自由飞跃时，我们对自身的看法以及我们的世界观就产生了变化。被鼓励着去大胆想象的孩子将继续发挥创造力，继续提高自身能力。

绘出心愿

有心愿，就有动力——前进和掌握人生的动力。

为了让孩子将自己近期或远期的梦想和心愿具体化，你可以向他推荐以下技巧（你自己也可以使用这些技巧）：

取一大张白纸，钉在卧室墙上。孩子必须找出自己梦想的配图，他可以在杂志里或网上找到自己想拥有的自行车、想住的房子、想去度假的国家的照片，也可以是他想再见到的朋友的名字、下一次考试想得到的分数、想尝试的新游戏……然后把它们展示在纸上。大孩子可以按时间顺序或不同主题来安排纸上的内容。每个孩子都能用自己喜欢的方式在纸上表达自己的想象和愿望。

我们将惊喜地发现：具体表达出自己的梦想，有利于梦想的实现！

梦想未来生活

同样地，我们也可以建议孩子在纸上表现出他如何看待自己的生活。所有方式（绘画、语言、照片、剪贴画等）都可以。我们的目的是让孩子自由地梦想他的未来，他眼中最好的未来。

当他完成时，我们可以问他，他写、贴或画在纸上的东西代表了什么，让他表达自己的梦想，解释配图。注意：所有批评，甚至对某个计划的可行性的怀疑都需要避免。我们只需要真诚地关心，并鼓励他朝梦想前进。

多好的名片！

你想让孩子高兴吗？用电脑和打印机，用漂亮的厚纸片给他做几张名片或几张介绍单。在他名字下面写上他说过的最伟大的梦想。

“阿莉西亚·贝雷，诺贝尔医学奖获得者”“汤姆·朗格曼，长途飞行员”“莎萨·马尔丹，首位登上火星的人类”……

70 谈论孩子的英雄

“我想去解救一位公主。”菲力贝尔说。

“哪位公主？”狮子问。

“随便哪位。可能是玻璃城堡里，被十三只猫头鹰看守的公主。”

“好主意，”狮子说，“我会帮你的。”

——童书作家、插画家 安娜杰尔·福什叔本

英雄就是榜样。孩子找到自己的英雄是很有意义的——他会模仿他们。这将赋予孩子动力和变得独立的决心。

给他读（或让他读）故事

一直以来，故事都伴随着孩子。它们和孩子谈论着充满勇气的英雄，凭着聪明机智最终打败强壮坏人的英雄，坚持不懈最后达成目标的英雄……它们是有关友谊、历险和想象的故事。

孩子想象着自己身处神奇的故事当中，他需要帮助时，英雄就会出现；他付出努力时，就会有回报；好人最后一定会获得胜利。

童话是梦想的优良模板。

谈论想象中的英雄

孩子常有崇拜的榜样，他总是很开心地把自己比作这个榜样。这个榜样的优点或他过的生活代表孩子以后想成为的样子。

问问孩子谁是他的英雄，知道孩子的选择很重要。为什么你的孩子这么崇拜这个人物？英雄常常有很多优点，孩子在和英雄的“接触”中获取动力。

让他和“日常生活”中的英雄见面

孩子现实中的英雄可能是演员、歌手或音乐家。你可以帮助孩子更加了解和接近他们。

孩子也可能像崇拜某人一样崇拜某种职业：消防员、飞行员、研究员、作家……如果你的朋友或认识的人中有人从事这项职业，那么你可以安排孩子见这个人并向他提问。这种会面会让彼此更容易亲近，他们也很高兴能够讲述自己热爱的事业。

和这个人见面可以让孩子对该职业有一些概念。**最重要的是，一定要让孩子知道，他的梦想是可以实现的，因为其他人已经实现了。**

让他成为英雄

至少一次，让你的孩子成为班里或街区里第一个做某件事的人，这是他所有朋友都梦想做的事情，是一件“提高声望”的事情。如果孩子无法被群体接受，做这件事就更有必要。例如，看一部刚刚上映的电影、穿上时尚的运动鞋，等等。

传授良好的举止

71 告诉孩子第一印象的重要性

给人的印象，包括留下痕迹、标志或印记的行为。

虽然很不公平，但所有招聘者对应聘者的印象通常在最初几秒里形成。第一印象深深烙印在人们身上，并决定了其他人接下来与我们的互动方式。当然，第一印象并不是绝对的，它可能在我们对某人进一步了解后有所变化，但我们是否有机会做进一步了解呢？因为，如果第一印象很差，那就可能不会有第二印象了。

有报道证明……

相关报道让人震惊。招聘者、竞赛或考试评审对某人产生看法的时间，100 微秒就足够。在十分之一秒的时间内，他会形成第一印象：有能力（或无能）、勤奋（或懒惰）、友好（或让人嫌弃）。只要这位遴选人员相信本能，那么由此产生的后果可能非常严重（或可怕）。

美国学者、普林斯顿大学心理学教授阿历克斯·托多罗夫，对 200 人进行测试后，于 2006 年发现这一现象。《心理科学》杂志公布了实验结果。结果表明，时间改变不了什么。即使经过深思熟虑，我们也无法改变对他人的第一印象。

（《世界报》，2012 年 7 月 10 日）

第一印象包括什么？

既然第一印象在 1 分钟内形成，那么它不会建立于细微或隐藏的元素之上，例如灵活推断、自如评说、内心的善意。**因此，我们的自我意象就至关重要**。此外，与他人进一步的关系也取决于这种意象。它主要包括以下要素：

- 衣着。我们的穿衣方式代表了我们的个性。
- 第一次接触时的态度是否亲切。
- 是否善于倾听。
- 微笑非常重要，因为对方首先看到的是你的脸。

我们必须向孩子解释这些内容，因为大部分孩子并不知道这几点。

干净整洁的孩子

除了亲切的微笑，整洁与干净也是我们对孩子的基本要求。它们能让孩子轻易地获取他人良好的第一印象。

然而，做到这一点并没有看上去那么简单。某些孩子似乎不喜欢洗澡或梳头。此时，你需要告诉他，你希望他怎么做才能让他保持“良好的气质”，最基本的任务就是，每天洗澡、早晚刷牙、用梳子梳头、勤换内衣裤、保持外套无污渍等。

你可以告诉孩子，这种干净整洁的气质不仅对他自己很重要，对他给别人的印象也很重要，而且表现出他对和自己一起生活的人的尊重。

幸好，孩子的态度变得很快。孩子会迅速脱离“不想洗漱”的阶段，进入花费大量时间打理外表的阶段。孩子到了一定年龄，就想引人注意！

72 坚持良好的教养

我希望我的孩子可以在所有领域和一切情况下应付自如。
我们就是以此为目标来教育他的。

——一位父亲

我们一谈论“良好的举止”，就会被他人看作思想陈旧的人……现今社会，个人主义当道——“人不为己，天诛地灭”“我就是我，你必须接受这样的我”。所以，尊重他人还有什么意义呢？

然而，好的教养十分重要。如果一个孩子不知道在什么样的情况下应该做出什么样的举动，他怎么能独立呢？

到处都能应付自如

当今世界，每个人都有可能会面对在一夜之间改变生活场所或社会领域的情况，当下的社会需要我们有很强的适应能力。**只有拥有良好的教养，才能让我们在所有场合自如面对所有人。**

想要独立并自由地选择自己的道路，就不能被以下障碍阻拦：“如果他请我吃饭，我会很尴尬。”“我不知道怎么和他们相处”。

如果你的孩子有好的教养，他就应该懂得如何被人喜欢。这是最重要的一点。

学习良好的举止也应包括学习在所有情形下正确的行为方式。

- 知道在上楼梯时，男人应该在女人的前面还是后面。
- 知道吃鱼时怎么使用餐具。
- 知道如何回应邀请或在晚会后表示感谢。

……

这个清单很长！

不要忘记：你的儿子应该学会绅士风度，因为绅士风度永远不会过时！

同样，也要教会你的女儿如何回应绅士风度……

懂得如何回答问题

常常被我们忽略的良好教养之一，就是懂得如何在不同的交流中作答。没有进行多种情形训练的孩子常常在真实生活中大受打击。他们不知道如何回答，只能不甘心地保持沉默。

为了帮助孩子，你可以假设一些情形，并在家里表演如何回应：

- 如果老师问你一个你没学过的问题。
- 如果面点师给了你一个你不想要的面包，比如没烤熟的法棍。
- 如果街上有人嘲笑你。
- 如果别人在班里告发你作弊，但你根本没作弊。
- 如果你想拒绝某人的邀请，但又不想伤害他。
- 如果你想让一个很忙的人帮你。

……

你的孩子可能会告诉你：这样做没什么好处，因为礼貌的举止已经过时了。但请继续坚持！良好的举止才能让他在那些聪明、有文化、漂亮英俊、健康、有活力的年轻人中出类拔萃。有良好的教养才会产生自信和保证良好的社交：这两者是独立的两大支柱！

73 注意孩子的餐桌礼仪

我女儿请男生回家吃饭时，我会看他在餐桌前的举止。
我知道这样做很傻，但我就是情不自禁地去观察。
我自己就是这样被教育的，很难不去注意。

——一位母亲

在良好教养的所有礼仪中，餐桌礼仪有着特殊的地位。礼仪本身具有复杂性，**不懂得餐桌礼仪的人很容易感到不适**。为了让你的孩子在某些微妙的情形下不感到尴尬，**最好现在就做准备**。

“在子爵夫人家吃饭”

你可以每年演一两次“在子爵夫人家吃饭”的情形，训练孩子，让他在比较考究的晚宴上也能游刃有余。

- 准备不同的饭菜，使用非常规的佐料。
- 要求孩子准备餐桌，让他放餐具（吃鱼用的餐具、吃奶酪用的餐具……），以及“大场合”使用的杯子、放面包的小盘子等。请保证孩子放好了所有餐具。
- 请孩子入座，所有人都必须遵守规则：轮流取菜，等家里女主人吃第一口后再开始吃，使用餐具吃饭，不把手肘放到桌上，不随意离桌，随时说“请”和“谢谢”，等等。

“在子爵夫人家吃饭”既是品尝佳肴的机会，又能让孩子明白以下道理：在餐桌前是有一定的礼仪的，学会礼仪很重要。

请人吃饭

另一个训练孩子餐桌礼仪的机会，就是利用你邀请别人来家里吃饭的时机。

你的孩子可以按自己的方式参与其中。根据年龄的不同，你给予他们的任务也不同。

提前几天训练孩子，告诉他们你期望他们做什么：

- 迎接宾客，收取并放置他们的大衣。
- 介绍宾客，让他们互相认识。
- 上餐前开胃菜，让大家传递点心。
- 帮忙上菜、收盘子等。

74 让良好的举止成为习惯

对我们来说，良好的举止主要指的是内在的优雅。

关心他人比知道吃鱼用哪一把刀更重要！

——一位父亲

除了在餐桌前或社会中一些系统化的行为方式，还存在着很多灵活的和他人相处的行为方式。**教会孩子如何照顾他人的情绪，如何行动才能被他人接受，如何保持大度**……这并不容易，但非常重要。因为学会这些行为方式的孩子会更受他人赞赏，而别人给他的积极回应可以鼓励他继续前进。

留意“不良举止”

不要忘记，我们向正面的榜样学习，但也能从逆向思维中学到东西！

我们可以和孩子玩这个有趣的游戏：想象我们身处“粗鲁国”，这个国家的人民受到了不良的教育，完全不顾及他人。想象他们在家里、商店里、学校里以及和朋友在一起时会如何行动……这肯定很有意思，这个游戏对于孩子来说，就是一个反面教育机会！

举止得体又尊重他人的孩子常常在看到其他孩子的行为后大为吃惊。他们会说：“你看她，她怎么可以这么和她妈妈说话！”这句话让父母非常放心，它说明孩子记住了我们的教诲。但记住了教诲，并不意味着就要把教诲也告诉别人……孩子也必须知道这一点！

家庭传统

家庭传统并不一定是上一代传下来的老旧传统。现如今，你可以自己创造新的家庭传统。你希望自己的家庭能形成新的习惯？那你只需决定是哪种习惯。通过新的传统，孩子将在你的鼓励下学会适应所有情况的行为方式。

以下是几点想法，但关于家庭传统的想法是无穷无尽的：

- 用亲吻的方式温柔地和每个家庭成员道早安和晚安（包括狗，狗也是家庭成员……）。
- 每个星期天下午，大家一起喝茶或热巧克力，总结一周内发生的事情。
- 每月尝试去一个新餐厅。
- 用特殊的方式庆祝每个家庭成员的“第一次”。
- 每年两次大扫除。
- 建一个生日表，全家人一起给他们喜欢的人发生日卡。

75 教授孩子交流的规则

喂？这里是保利家，我是萨莉亚。
你好！妈妈在忙着照顾妹妹，我可以帮你传话吗？

语言是表现出我们是否受到良好教养的方式之一。即兴讲话或在电话中正确地表达自己非常重要，但也很难学会。

表达自己和让他人发言

幼儿有话要说的时候，就会大声讲话并主动带动对话。如果我们打断他们，他们就会生气。而他们的兄弟姐妹想进行评论，却无法加入对话时，将会非常失望，其表达失望的方式十分剧烈……

教会孩子交流的节奏：什么时候说话，什么时候暂停，什么时候让别人说话……教会孩子所有复杂的对话技巧。在家庭交流中，你可以告诉一个孩子，他说话的时间太长，他应该让别人说话；然后告诉另一个孩子，现在是他讲话的时候了。你的信息可以通过语言表达，但这就意味着你必须打断孩子的对话。所以通过手势表达会更有效，孩子也理解得更快。你就像乐团指挥一样调节着家庭对话……

倾听但不打断

委婉地说，孩子其实没什么耐心。他们很少会在正确的时机打断成人的对话或活动。而此时，**你也可以通过肢体语言让孩子理解你的想法：**

- 点头并看着他，表示你看到他了，而且你注意到他的要求。
- 一只手竖立，表示你在阻止他继续讲话。
- 平放一只手并向下滑动，表示他需要冷静并等待他讲话的时机。
- 点头表示同意并看着他，或笑着用手指他，意味着他可以讲话。

打电话

打电话可以很好地训练孩子。如今，不管是成人还是孩子，在电话上花费的时间都越来越多。然而，大部分孩子在电话中并不知道如何正确地自我介绍或表达自己。

告诉孩子，如果他们想使用电话，就必须遵守礼貌的规则。当他们接听电话时，他们也应该要求对方留言或询问通过哪个电话号码可以联系到对方。打电话到家里的人和到访的人一样，需要被正确地接待，这很重要。

致谢

想要表达自己的感激，想要被他人赞赏，就必须学会致谢。当然，通过电话、短信，我们能既有效又快速地致谢。但对于那些接待过孩子、帮了大忙或送了大礼的人，孩子最好写或画一张卡片，然后去邮局投递……

76 要求孩子学会感恩和慷慨

感恩，让平凡的一天变成节日。

——威廉·亚瑟·沃德

认为某人是“好人”，就是最简单又最感恩的赞扬。我觉得，让孩子成为“好男孩”或“好女孩”是一个好目标。

成为好人，就意味着脱离自我。它是出于对他人的关心，将他人排在第一位的能力。

“感恩日”

将某一天定为“感恩日”，比如 12 月 30 日。在那一天，我们可以做下面这些事——

- 回顾过去的一年。
- 回忆在自己有需要时，他人的帮助、支持或鼓励。滴水之恩也很重要。（我在操场上摔倒时，是卡里门把我扶起来的。）
- 直接致谢或通过信息致谢，也可以在心里致谢。
- 找出自己经历过的好运，即使这些运气并不是新鲜事：有房子住，有好东西吃，能接受教育，有可爱且热情的人围绕，生活在和平的国家……然后，培养孩子的感恩之情。

做好事

人们在自我感觉良好时才会自尊和自信。我们知道，慷慨对于接受馈赠的人来说是好事；而对于付出的人，慷慨也是很积极的事情。

给予孩子表现慷慨并为他人做事的机会，至关重要。

- 捐出零用钱做慈善。
- 把自己的旧玩具捐给医院。
- 帮助民间救助团体或慈善餐厅分发圣诞慈善礼包。
- 给喜欢听到自己声音的人（奶奶、生病的朋友等）打电话。
- 点燃一支蜡烛，表达自己对某个身在困境、期望某物或面对重要期限的人的积极思想和真诚祝愿。

这些都是孩子学习为他人着想的时机。同时，他也会发现自己有多么幸运。

照顾他人

要求孩子照顾他人将有益于他的性格养成，也能锻炼孩子的独立能力。

- 照看弟弟妹妹洗澡或玩耍，指导他们做作业。
- 时不时去邻居老奶奶家里吃点心，陪伴她。
- 帮同楼的邻居无偿照顾孩子。

帮助他人，学会爱和帮助，过时了吗？社会的运转需要我们热爱他人，而不是热爱物质、商业或其他短暂的欢愉。我们知道怎么鼓励孩子摒弃自私：以一颗爱心善待他人。除此之外，我们没有其他方法。

安排和训练

77 教会孩子安排时间

上初一之后，诺埃的学习就出现了很多问题。
他没法在记事本里记好该做的作业，
上学总是带错书，学习的进展也非常慢。
我们不得不时刻看着他，让他从零开始。

——一位父亲

虽然某些父母是井井有条之人，但自我安排的基因不能被遗传。父母应该耐心教育孩子。孩子越会安排、越有预见性，父母就越能够信任他，越能放手让他追求自己的独立。

制作一周时间表

把一张大的排课表贴在书桌上方是非常实用的。孩子很快就能看到他上课的日期和每一门课的具体时间。我们还可以在时间表上加入课外活动：星期三下午 6 点，做体操；星期六下午 2 点，上表演课等。

为了帮助年龄小的孩子，我们也可以在每一天的下方标上他当天应该复习的课程，例如：星期一晚，复习历史。还可以做一个备忘录，例如：星期四晚，准备去游泳的用品。

做计划表

对于年龄比较大的孩子，课程表已远远不够。他需要看得更为长远，才能制订计划，并找到相应的策略。

因此，你可以给他买一本日历本。他能在某些日期里标注考试的时间、体育竞赛的时间、假期和家庭聚会的时间……

给每个学习阶段制定目标

如果你的孩子在上小学或初中，他有需要执行的计划，例如下个月，他要在班里做一个口头阐述，请和他一起讨论如何进行安排，确定其中的必要步骤。

他有什么想法？他需要什么资料？他去哪里找资料？将每个步骤的时间节点都标注在日历上，或者为此制作一个特别计划表。最后，请确保孩子分毫不差地按照安排行动。

整理好卧室和书房

保持卧室和书房整齐有序很重要。孩子不用问妈妈就知道自己的物品放在哪里，这已经是独立的预兆。

因此，请将孩子的卧室安排得以实用为主：孩子能够得着的书架，各种颜色的标签、文件盒、文件夹，容易开关的抽屉箱等。当然，请按孩子的想法，和他一起布置书房，孩子自己应该觉得书房很“方便”。

告诉孩子你对他的期待。例如，你希望他可以在玩完玩具后把它放回原位，把使用过的教材放在书架上……刚开始为自己做安排时，孩子需要“父母的陪伴”。请保证孩子尊重你和他提前定好的规则。只要孩子形成良好的习惯，你就不用再插手。

78 让孩子参与家务活动

我们的儿子独立以后，在外面租了一个简陋的小房间。
他搬进去的第二天就打电话问我清洗淋浴器应该使用什么产品。
他试过软水剂，但并不奏效！

——一位母亲

对孩子来说，参与家务一开始可能并不简单。但让他参与家务是你给予他的重大帮助之一。**他将学会照顾自己，处理自己的衣服，清理自己的环境**。当我们长大成人时，这些能力再宝贵不过了。

制作每个人的家务表

9 月初正是好时候，家里每个成员都应该知道自己的课程表和课外活动时间。与其每晚要求孩子布置饭桌或让他们帮忙从洗衣机里取衣服、晾衣服（常常白费力气），不如做一个计划表。

- 把孩子们叫到一起，让他们互相交流课程的安排。
- **做一个家务活动清单，明确他们每天和每周的任务**。
- 听取孩子的兴趣、意见，了解他们拒绝做的事情和各自的要求。
- 最后制作一个周计划表，标明每个孩子每天需要做的家务。表格里还可以填入完成家务的时间。
- 对于幼儿，我们可以画图。

选择简单的办法

每个星期的一、三、五，由家里老大“干活”，二、四、六，让老幺做。“干活”，就意味着晚上 7 点，孩子必须洗完澡、做完作业，然后出现在厨房，准备好在晚饭前帮助父母。除了布置饭桌和喂猫，他们的任务每天都会不同。到了星期天，大家一起做家务！

学会做

你教会孩子的东西越多，他就越独立：如何使用吸尘器，如何去除 T 恤上的污渍，如何在洗衣服前将衣服分类，如何做烙饼……这也解释了为什么每晚“干活”如此必要。孩子不仅仅是在干活，也是在学做事，因为他和你一起分担着家务。做每一顿饭都是学习烹饪的机会，每一次洗衣、熨烫衣服都是不断完善自己和学习注意细节的时机。

当孩子学会基础的事情后，再让他负责内衣裤的清洁，或让他偶尔做一顿简单的饭菜。

79　让孩子去体验

生活就是经历。我们经历得越多，生活就越美好。

——拉尔夫·沃尔多·爱默生

孩子不一定能意识到自己所面临的风险。对他来说，家就是一个安全的地方，而他的世界也由好人和坏人构成。光看脸或听声音，他就知道谁是邪恶的人，就好像连环画或动画片里的一样。

但事实并不简单！

学习认识危险

你应该教会孩子辨别什么是危险，但也不要让他们焦虑或害怕。家里的危险是孩子首先需要注意的第一危险。小心保洁物品、电器、火、烤箱和浴缸（我们可能会摔倒）、刀和剪刀，等等。

家庭中危险最多的地方是厨房和车库，因为很多危险的用品和器具都在这两个地方。

叮嘱

我们应该告诉孩子他可能会遇到的危险，比如："我已经告诉过你了，如果这样站在浴缸里，你可能会摔倒，也可能受伤。""不要靠近烤箱，烤箱门很烫。”“骑自行车的时候，如果你不用手握住扶把，就可能会摔倒。”

你不断重复某些句子，它们就会烙印在孩子的脑海里。例如，“过马路时要左右看”“离开家里时，要告诉别人”“不要玩火”等。

在监督下体验

然而，叮咛不足以让孩子对危险做好准备。我们应当在大力监督的情况下让孩子体验危险。例如：

- 你的儿子非常想玩刀？轻轻地把他的手指放到刀锋上，让他感受到刀锋的尖锐。
- 你女儿总是朝着泳池跑，而她还不会游泳？某一天你在泳池里时，让她潜入水中，然后把她捞起来。让孩子呛几口水，比对她讲大道理更能说服她，更能让她在学会游泳前和泳池保持距离。
- 她特别想玩火？先教她划火柴，然后再让她点燃蜡烛。但这只能在你的监督下进行。

这绝不是让孩子身陷危险，而是让孩子略微体验危险，然后建立远离危险的意识，学会一些避免危险的措施。

懂得寻求帮助

孩子独自在家或上街时，可能需要拨打火警或警察电话。等孩子到了一定年龄，就告诉他火警或警察的电话号码，并告诉他打电话的理由。千万不要让孩子害怕或拒绝警察，否则，一旦到了紧急关头，他可能不敢打电话求助。因此，孩子对警察的印象最好是保护他、帮助他的人，而不是殴打抗议者或在路边徘徊并给爸爸贴罚单的坏人！

80 应对不同情形

被提醒和嘱咐过的孩子，
会感觉自己更有能力，也会有更多安全感。

当孩子独自在家或在外和朋友一起时，如果他遵守父母教给他的原则，他就不容易吃亏。告诉孩子他可能会遇到什么事情，如何应付这些事情，这并不会造成多余的恐惧，反而能让孩子更自信。

独自在家

被仔细嘱咐过的孩子能力很强。以下是几点关于如何嘱咐孩子的建议：

- 安装安全系统（警报、安全锁、金属百叶窗），向孩子介绍这些系统，同时向他展示如何使用。教会孩子如何反锁家门。
- 尽量避免让孩子带着家里的钥匙去上课。警告他不要将楼房或家里的门禁密码告诉别人。
- 当孩子一个人在家时，教他千万不要在电话里或有人敲门时，告知别人他一个人在家。不要给不认识的人开门。他只需说："爸爸在忙，你待会儿再来，或者打电话给他吧。"
- 教他打电话。将家人的电话号码提前录入，简化流程。当孩子遇到困难时可以随时给家人打电话。请录入你办公室的电话，还有火警和警察的电话号码。

在公共场所

告诉孩子，如果他在公共场所迷路，他应该在原地等你或求助。告诉他，他首先应该向谁求助，也告诉他千万不能做什么。

同样地，如果他在大街上迷路，告诉他应该向谁求助；他应该注意到周围的标志性东西，才能知道自己在哪儿；他应该怎么打电话，等等。

遇见“某人”

我们必须预防此类危险。我们不用告诉孩子应该警惕哪种类型的人，因为真的坏人是看不出来的。但我们必须把可能会有危险的情况告诉孩子：跟着陌生人走、上陌生人的车、回家晚（或不回家）却不告诉家人、在某个时间之后一个人回家，等等。正如安全问题专家鲍勃·毕少朴建议的那样，孩子必须知道以下六点基本原则：

- 千万不要和他不认识的人去别的地方。即使他认识那个人，也只能经过父母同意后才能和那个人走。
- 不要接受陌生人给的东西，和陌生人保持至少 1 米的距离。
- 选定家庭暗号。孩子不能跟一个说“你妈妈让我来的”却不知道暗号的人走。
- 如果有成年人向孩子求助，孩子可以拒绝提供帮助。
- 如果有权威人士（警察、街心花园负责人等）接近孩子，建议孩子向另一位成人求证，此人是否确实是权威。
- 如果孩子需要帮助，他首先应该向穿制服的人（巡逻人员、保安）或商家求助，而不是向路人求助。

81 角色扮演

语言磨炼人，范例教育人。

——儒贝尔

想要确定孩子是否理解你对他再三解释过的东西，最好的方法是玩“如果……你怎么办？”的游戏。角色扮演是良好的训练独立能力的方法。

多种情况

“如果……你怎么办？”和很多不同的现实问题相关。它根据孩子或青少年的年龄而变化：

- 你一个人在家时，如果有人在门外找你借电话用，因为他的电话没电了，你怎么办?
- 在学校里，如果有一位女士靠近你，说想带你去买巧克力面包，你怎么办?
- 如果在上学路上，你的一个朋友让你别去上课，他想要你和他一起逃课，你怎么回答?
- 如果有人威胁你，你不把电话给他，他就打你，你怎么办?

……

你很快就会看出，孩子是否学会了正确地做出反应。正确的反应可以让孩子远离危险。

角色互换

你演孩子，孩子演家长。

这种角色扮演的游戏可以是一场对话。你让孩子说出心声，让他自由选择对话主题，也让他对你提出质疑。你只需倾听。

也可以在吃饭或散步时，让孩子提出主张并做决定，或选择路线，然后你们一起讨论。

假装迷路

这个方法可以判断孩子的方向感，测试他的观察能力和应对能力。选择一个你们从未去过的地方，比如陌生的村庄。然后，在一片“不毛之地”里，告诉孩子你迷路了，你希望孩子能帮你找到路。

这样的历险在大自然里进行会更有趣。你们背着包去野外远足，带着指南针、相机和宝物箱，扮演探索者，然后让孩子指引你走回基地。

在外过夜

全家人在野外度过一晚。根据地区和气候不同，你们可以选择帐篷或山中小屋。对孩子来说，这有点恐怖，但和你们在一起，他得到的快乐将多于恐惧。这个时机能教会他很多平常生活中学不到的东西：生火、在柴灰里烤土豆、听大自然的声音、看星星、用现有的材料处理伤口、和太阳一起醒来……

和家里人一起进行探索会给予孩子进行更多尝试的信心，也会增强孩子独自或和朋友一起探索的信心。

82 传达一些经济概念

我和我先生一起决定，每周给我们 8 岁的儿子一些零用钱。
但是我不知道是不是应该由着他乱买东西……

——一位母亲

在当今社会，明白金钱的价值和懂得如何利用金钱是个体独立中不可分割的部分。我们想让孩子和经济问题保持距离，这不是长久之计。金钱教育也是教育中的重要部分。

给孩子零花钱

当孩子有了自己能自由支配的钱时，他才开始了解金钱的意义和金钱的用处。

零花钱可以按周、按月或当年终奖给，形式随意。重要的是孩子将从中学会什么：省钱、花销、借钱、还钱……你陪在孩子左右，告诉他这些经济的要素，而不应该阻止他用钱乱买东西，因为这也是学习的一部分！

购物

带着孩子一起购物很有教育意义，尤其对于八九岁，开始会读会算的孩子。

- 一起写购物清单：家里要用的东西、柜子里缺少的东西。请尽可能确定预算。
- 一起去市场、商店或超市，对这三个地方的探索都很有趣。
- 教他读产品标签，对比价格和质量。在充分考虑孩子愿望和实际价格的前提下，一起决定要买哪些东西。
- 向他解释广告、包装和产品摆放位置是如何吸引人的注意力的。
- 让他在清单上标记已购入的物品。

假如我很有钱……

- 想象你中了乐透大奖，比如 1000 ~ 10000 欧元（如果孩子是青少年，奖金数目可更高一些）。
- 给孩子一周时间，让他决定拿这些钱来做什么。对他唯一的要求就是他必须把钱花光。
- 让他解释自己的每一笔花销，并在商店或网上寻找每一件他想买的东西的价格。记得提醒他，如果他找到便宜的店或碰上商家打折，那么他的购买力会更强。
- 一起讨论他提出的预算、他的选择和他找到的价格。表扬他：很节省、聪明或者……大方！

第七章

准备飞翔

管理困难和压力

83 帮助孩子和身体和谐相处

健康的最好状态，就是感觉不到健康的存在。

——儒勒·雷纳尔

“和身体和谐相处”与健康、美貌或修饰无关。

和身体相处的方式是每个人对自身的态度，这种态度取决于教育。自信的孩子尊重自己的身体，也知道身体的极限。他喜欢不断挑战，坚持到底。他悉心照顾自己，锻炼自己。他的父母传授给他一些有益健康的行为。

重视健康行为

孩子从小开始，就应该学习卫生知识。我们出于对自己、对他人的尊重而洗漱。保持整洁，让自己又健康又招人喜欢。**我们照顾自己是出于同一原因：让身体处于最好的状态，让自己舒服。**

同样地，我们也应该学会好好吃饭，搭配健康又均衡的饮食。我们知道食物对孩子健康的影响：不要让孩子吃工业化生产的食品！不要再让孩子吃谷物棒和夹心面包了，他们可以改吃苹果和全麦面包。他们应该学会保持健康。

当心超重

现如今，肥胖或超重的孩子数量剧增，这是我们常常会谈论的话题。孩子肥胖（肥胖比超重更严重）的现象让人担忧。超重对孩子的自我意象、活力和健康都产生了非常负面的影响。

孩子超重和食物的质量（以及数量）紧密相连，它更是和孩子是否运动以及孩子在屏幕（电视、手机或电脑）前度过的时间长短相关。

太胖的孩子很少能协调身体，他不能按照自己的意愿行动，有时还会被同学嘲笑。而治疗超重的方法很简单：减少看电视的时间，多做运动，饮食均衡，少吃零食。

照顾孩子的父母不抽烟、饮酒适量、照顾身体，就是孩子的好榜样。

面对身体的正确态度

为了让孩子与身体和谐相处，父母还有其他的职责：表扬孩子的穿衣或理发习惯，给孩子购买合适的服装，告诉女儿她很漂亮……这些都很重要。

父母的态度更为重要：他们必须认为孩子的身体既正常又健康。孩子也应该有这样的感觉。父母应当觉得孩子身体所有的机制都是正常的，且他们能用简单的话语介绍这些机制。

父母需解答孩子提出的关于人体的问题。父母坦诚直白的答案将会让孩子放心，因为这些答案毫无忌讳，也不矫揉造作。

84 进行健康预防

我的孩子受伤或出现疾病症状时，我很难不担心。
但我尽量控制这种情绪，因为我知道，
父母的担忧让孩子难以勇敢面对自己的病痛。

——一位母亲

健康的行为和食物、日常身体护理等紧密相连，但它也和面对事故、疾病时的反应相关。独立的孩子应当信任自己的身体，信任自己面对疾病的能力。

对于幼儿：不要对伤痛反应过度

对健康的重视，同样包括对身体的信任，这种信任让我们忘却大部分的伤痛。我们的身体配有精良的“装备”，它可以结痂或抵御感染。对年龄较小的孩子进行健康教育，要注意：

- 不要对小伤口表现出过多担忧或过度关切。
- 在医生进行救助时，不要对孩子的哭泣反应过度。
- 安慰孩子，“病情并不严重”。
- 告诉孩子，他完全可以康复，为了找回健康状态，他的身体已经行动起来了。

对于大龄孩子：让他照顾病人

家长生病时应当卧床休息并获得治疗。让孩子扮演医生、护士或护工的角色是不错的想法。弟弟或妹妹生病时，大孩子可以帮你护理他们，但只能在你的监督下进行，目标在于让他学习护理病人的有效行为。懂得护理他人，孩子就学会了护理自己，并掌握了某些措施。

另外，孩子还能学会照顾他人，付出自己的时间和精力，这一点很重要。因为护理病人，也是确保病人随时有东西喝、有书看，还能得到必要的休息等。

对于青少年：准备救助证考试

鼓励青少年参加初级救助证考试是促使孩子独立的好办法。通过准备考试，他将学会如何在紧张的情况下为自己、他人做出行动。懂得照顾自己很重要，懂得在有需要的时候帮助他人同样重要！

持有救助证也能增强孩子对自己和他人健康的责任感。因此，它有助于让孩子和危险行为保持距离。

85 帮助孩子和思想良好相处

幸与不幸都源于自身。

——阿兰

为了完成自己的人生规划，孩子需要周围人的鼓励。父母的照料、帮助、支持，慈爱的语言和无言的爱，将造就一个坚强、积极、准备好面对生存困境的孩子。

当形势不利时

面对外部世界发生的事情，我们通常无能为力。我们可以选择自己的职业，却不一定能躲过失业；我们可以买房子，却不一定能避免火灾。

只有在面对内心世界时，我们才能找到真正的自由。没有人能控制我们的思想。没有人能强迫我们悲观或绝望。**得到幸福，是精神方面的决定，而不是环境造成的结果**。

想野餐时，却下雨了。对啊，下雨了，我们无法改变，但我们能选择自己的反应和心情。我们可以沮丧，浪费这一天的时光；我们也可以选择趁此机会去餐厅吃饭，在客厅的地毯上野餐或在火上烤煎饼……

万事不能尽如人意。但决定“将大山看作小老鼠”的，也是我们。只有我们自己，才能对我们的感受负起全部的责任。我们的幸福取决于自身。这一点，我们必须告诉孩子。

走出负面情绪

生活中的确有很多困难，我们无法否认。抑郁、沮丧……过多的悲观思想让我们变得更加消沉。持续的沮丧让我们很难回归精神的宁静。

但我们不能一直这样。我们对事情的判定，并非事情本身导致，而是由我们沉浸其中的精神状态决定。**与其惋惜我们没有的东西，还不如享受我们所拥有的！**

我们手里掌握的东西就是构筑我们生活的材料。每个孩子都有足够的材料，如果他肯花费精力，又快乐十足，他就可以去构筑自己的美丽人生。

发生了的事

发生了的事就是已经发生，我们没有选择或拒绝的可能。面对现实，每次我们说出“不，这不可能”，就是在撒谎。每一句“我本应该……”“要是我当时……”都是幻觉。教育孩子，原原本本地看待发生了的事，这至关重要。然后，接受现实，勇敢地做出决断。告诉他真实的情况：“现在，这些事情就是这样。如果你不喜欢，你可以努力去改变。”

赶走无聊

孩子因为不知道做什么而感到无聊，这并不是问题。什么也不做，两手空空，鼻孔朝天，这刚好给了孩子思考的时间，也能增强孩子的创造力。更难做到的是接受平庸生活中所产生的无聊。如果你听见孩子说：“我不喜欢今天这一天，因为今天什么特别的事情都没发生。”那么就让诗人里尔克来回答他吧：“如果你的日常生活非常贫瘠，请不要指责它，你还是指责你自己吧，请告诉自己，你还不够诗意，所以你无法让生活丰满。”

86 帮助孩子克服紧张

紧张的缘由，并不是我们所处的情况，而是负面的思想。

紧张是面对挑战或危险情形时，身体机制为了适应状况而产生的生理反应。它给予人力量，改善记忆，补充精力和提高效率。

但是，过度的紧张有损身体机制，可能造成抑郁或其他疾病。学会不惊慌失措，管理紧张情绪是重要的技能。

孩子也承受紧张

父母希望孩子除了某些特定的恐惧外，可以享受平静的生活，但事实并不是这样。孩子从小开始，就必须面对复杂的情况，承受不同的焦虑。

孩子不会直接告诉你紧张的情绪在侵袭着他。但孩子的身体却表达了语言不能描述的东西。难以入眠、做噩梦、怯场、遗尿（尿床的另一称谓）、头痛或腹痛、湿疹等，都诉说着孩子生活中的痛苦。学会减轻紧张、放松自己对孩子非常有用。

理解孩子的紧张

- **第一步，从孩子身上发现紧张的症状**。他是不是开始吃指甲？他是不是过于羞涩，完全不能社交？他胃痛吗？他是不是无法容忍挫折？你觉得他非常敏感吗？

- **第二步，找到原因**。选择一个安静、私密的时间和孩子交谈，例如晚上他躺在床上的时候。一起讨论并试着理解是什么让他这么焦虑。通常孩子会告诉我们原因：下课时同学一直推他；高个子男生抢他的点心；奶奶的病无法治愈，害怕妈妈有一天也这样；脸上有红点，其他小伙伴嘲笑他；数学老师用恐吓的方式教育他们；爸爸找不到工作……

行动

抵御紧张有两条路：

- 去除原因。

如果是外部原因，孩子可以改变它。他必须立即行动，竭尽全力地去解决问题，如此，就已经是一个高效的行为了，不论结局如何。与其成为受害者，不如主动行动，重掌自己对生活的控制权。

注意，孩子常常出现以下态度——他们会说没什么好做的或目标不可能实现。然而，他肯定可以做什么事情，肯定！每个解决方法都是有代价的。

- 改变自己。

如果紧张的原因是孩子的内在原因（例如烦恼），或无法解决的外部原因（他喜欢的人生病了），我们仍然有解决办法：改变自己，照顾承受紧张的身体，从而保护自己。

运用放松的技巧，控制负面思想，是最有效的方法。

87　一起放松

教会孩子放松，就是给了孩子一个一辈子受用的礼物。

紧张情绪不仅造成精神压力，也造成身体上的压力。放松可以让人在缓解压力的同时，对自己害怕的目标不再敏感。“放松”后的人能更好地面对生存困难，因为他不会失去自己拥有的条件。

和孩子一起练习放松，效果会更好。孩子将看到你对放松非常重视。

通过不同步骤实现放松。孩子在某一步骤里感到自如并熟练运用时，再进入下一个步骤。**学习放松的过程中，千万不要患得患失，也不要施加压力**。在孩子积极参与后，大力表扬他。

安静地躺着

这一阶段对孩子来说非常困难，尤其是幼儿或我们口中“坐不住”的多动孩子。

- 使用计时器或秒针，告诉孩子他保持不动的时间。“我希望你躺在毯子上（或床上），闭上眼睛。现在，我们看看你能保持多久不动。很好，你已经保持 30 秒了。现在你试试保持更长的时间。”
- 你可以躺在孩子旁边。如果你轻轻按摩他的背或手，你们一起听音乐或你给他讲一个故事，他有时会保持更长时间。

调整呼吸

调整呼吸是所有放松技巧的基础，它对放松产生的效果非常明显。

- 你的孩子躺下，闭着眼并放松之后，让他把一只手放到肚子上（肚脐上方）。让孩子通过腹部的起伏感觉吸气和呼气。
- 让孩子在呼气的同时，想一个有关放松的词语。他可能会想到“放松”“好玩”“我很好”“平静”等。让他在每次呼气时，一直想同一个词。
- 孩子掌握这个技巧后，让孩子睁开双眼，坐着或站着或走路。让他保持缓慢呼吸，同时他的脑子里只想着那个有关放松的词。

当孩子掌握技巧后，告诉他不管在哪里，只要他感到紧张或焦虑、愤怒或悲伤，他都可以随心所欲又不为人知地使用这个技巧。刚开始，只要你觉得他有需要就提醒他放松，然后确保孩子每天至少放松一次。

放松肌肉

最简单的技巧就是收缩每一个肌肉群几秒钟，然后瞬间放松，接着重复两三次。我们从一只手臂开始，然后另一只，接着一条腿，然后另一条，还有腹部和背部。最后我们可以调整面部肌肉——做鬼脸，让脸上所有的肌肉紧绷，再全部放松。我们还可以使用这个技巧来改善睡眠。

自己做事并形成责任感

88 重视做得好的事情

做，做错和重做，都是在学习。

——我的奶奶露西

很多孩子对学习的态度非常草率。为了更快地做完作业，他们随便写写，涂涂画画，到处出错。父母或老师让他们重新抄写，但他们只想去院子里跑步和玩耍。最后，孩子学会一个道理：如果他集中精神做作业，一次就写对，虽然比随便写写花的时间多，但最后还是比重写作业花的时间少！

知道自己正在做什么

“这本书我读了 1 个小时，但我什么也没读懂，真没劲！”父母可以回答：“不，你看书的时候一直在看天花板，你就是在等时间过去，然后你告诉我，你读了 1 个小时的书，而且这本书很没意思。但你读书的时间并没有那么久。”

孩子并非心存恶意，而是缺少自我意识。想要做好自己该做的事，只要真的去做就好，而不是假装。孩子觉得自己在学课文，其实只是坐在打开的电视机前，把本子放在膝盖上，这就是在假装。同时做两件事情，就会这样。问题的本身在于我们是自己骗自己：觉得自己在做一件事，其实我们在做另外一件事，然后再抱怨自己做不好。

其实我们应该真正地，100% 地去做我们应该做的事情……

既然做，就要做好

与其浏览三本书，不如好好读一本。所有的事情都是这样：我们要么做，要么不做；既然要做，就要做好。这是唯一能从事情本身有所收获（知识、经验、愉悦）的方法。

做好一件事的理由不是向别人证明自己的能力，而是发现当自己运用智慧，听从内心而行动时产生的乐趣。为自己而做好，即使是再小的事，比如洗碗，也能带来满足感。

好好做事或草率行事都是生活的方式和内心的态度，我们应该培养看不见的品质。**教育孩子——好好做事，是让自己开心，也是对自己的尊重**。

避免完美主义

我们经常要求孩子“尽最大的努力”。尽最大的努力，就是付出全部，奋斗到底，以完美为目标。如果事情本身值得尽力，例如参加入学考试，那就无可厚非。但总是尽力而为，会造成无意义的紧张，这是一种消耗精力但并不必要的态度。

我们不需要总是最优秀，享受生活才更重要。好好做和想要做到完美并不是一回事。花时间评判和比较成绩是浪费时间：孩子的价值取决于他本身，而不取决于他做了什么。积累经验比总是想做到最好更让人受益。我们应该成功地生活，而不是成功地完成生活的每一个挑战。

在草率做事和固执地追求完美之间，还有太多事值得我们去做！

89 形成责任感

你想要自由，而通向自由只有一条道路：蔑视身外之物。

——爱比克泰德

不管是成人还是孩子，都需要对自己身上发生的事情负责。我们身在其中，就应该给出回应——只属于我们自己的回应。但我们既没负罪也没犯错。认定自己有罪、犯了错毫无意义，且伤人甚深。尽己所能，这就是我们所要求的！

不要有负罪感

如果孩子好好准备了数学考试，在考试时已经尽力，那为什么他还会为自己的分数而产生负罪感？有太多原因可以解释。让孩子有负罪感只会让孩子心中萌生负面的想法，总有一天，这种想法会毁坏孩子的自我意象。

孩子当然应该对此负责。我们不容许他这样解释自己的失败："这不是我的错。"**但他并没有罪**。而且，如果他承担了责任，他就能在某个精神角落里获得平静。

父母不要为孩子编造借口，让他学会不负责任；也不要指责他，让他学会负罪。与其不断地提起这次的坏成绩，还不如总结好的方面："现在，至少我们知道你没有理解这个部分。我们也知道了老师期望看到哪种类型的答案。"

忘记“错误”这个词

幼儿丢了自己珍视的手表，你会责备他：“你真的什么都不注意！你是不是不知道这东西值多少钱？你从不关心自己的东西！你确实还太小，不能戴手表！”还是会安慰他，告诉他每个人都会丢东西（有时你自己也会丢东西），帮他找手表，或鼓励他省下零花钱来买一个新手表呢？

如果孩子说：“这不是我的错！”请纠正他：“这不是错误，但是你应该对发生的事负责。另外，这件事确实发生在你身上。但是没关系，我知道你并不想它发生。大家都会出错。不要让自己这么伤心。我们看看能做什么来弥补这件事。”

这种建设性的态度才能帮助孩子学会不害怕承担责任，学会对自己的行为和选择真正地负起责任。

重视诚实

想要孩子独立和自主思考，我们就不应该让他出于对批评或责备的恐惧而行动。如果你想让孩子做出负责的行为，就不要在他告诉你真话（告诉你他失误了、犯错了、搞砸了或考差了）的时候骂他。

不要惩罚说真话的孩子。与其关心是谁犯的错，想要孩子招认，还不如找到解决问题的方法。接受错误，冷静地告诉孩子你的想法，帮助他弥补。

否则，孩子将不会负责，他会隐藏错误并学会撒谎：把打碎的花瓶藏起来，否认自己从钱包里拿走了 10 欧元，否认在成绩单上代替你签名……

90 让孩子承担后果

万事皆有因，有因必有果。

一切行为皆有后果，好的或坏的。我们可以预测某些后果，但有些则不能。当我们认为应该对自己的行为负责时，就必须承担这些后果。把这一点教给孩子，让孩子学会生活中这一痛苦但必要的课题。

拒绝不负责任

不负责任通常会带来很多负面后果。如果孩子丢了手表，他就很难知道时间；如果他上学迟到，他可能就会受到惩罚；忘记写作业，老师会罚他留校一小时……不注意自己行为的孩子，常常自食其果，除非父母每次都把他“救”出来。

作为父母，孩子没听到闹钟响，你就代他写道歉信；孩子忘带泳衣，你就把它送到学校；孩子洗澡时手机进了水，你就给他再买一个……那么，你不是在帮助他。

你可能很难做出改变。但是，只有你不再让孩子“幸免于难”时，他才能品尝不负责任带来的痛苦，甚至开始意识到不负责任的严重性。在现实生活中，当人们犯了错，就应该付出代价。让事实“教他生活”……

多使用后果，少使用惩罚

父母常常会问，孩子犯下错误需要实行什么惩罚。最明智的惩罚就是让孩子承担自己的行为带来的后果，甚至让他去弥补。这种惩罚最有教育意义。

- 他丢了笔？那就让他砸了存钱罐再去买一支。
- 他的卧室乱成一团？他就不能招待朋友。
- 他忘了和牙医的预约？他必须给诊所打电话道歉。

承担自己应负的责任

孩子有时因害怕被责备而轻易将事件的责任推给外部：自己做错了练习题，是老师的错；自己没听到铃响，是闹钟的错；他和弟弟打架，是弟弟的错，等等。

不要接受这种类型的借口。尽管这些事有一定的外部因素，但孩子应该承担已经发生的事情的责任。这是他的生活，事情发生在他身上，所以他应该自己应付并对这种情况做出回应。

总是在逃避，而不去操控自己的生活，只会让我们变成奴隶！

懂得道歉

道歉是承担后果的一种既特殊又极为重要的方法。我迟到了，我道歉。即使是因为公交车没有准点到。

当我们犯错时，我们需要学会礼貌、真诚地道歉。请保证你的孩子在必要时会当面道歉，也会在更微妙的情况下进行书面道歉。

91　尊重孩子的自我存在

信赖自己，就是明白自己的大部分力量来源于内心。
信赖自己，让我们无比自信。
然后，我们才可以信赖他人……当然，是某些人！

——一位父亲

自我存在，意味着：

- 知道我们可以依靠自己的力量。
- 在决定自己的思考方式时不依赖他人。
- 不试着和他人相似，也不会不惜一切代价变得与众不同。
- 懂得为自己的行为、思想和情感负责。

为自己做选择

为自己做选择是孩子学会信赖自己的机会。

从孩子幼年开始，如果你一直替孩子做选择，就算你充分考虑了他的意见，他还是会形成受父母控制的习惯。面对并非自己所做的选择，孩子就不会全身心投入。然后，他会将因选择错误而导致的后果全部推到你的身上。

在教育过程中，我们应该根据孩子的年龄，给予他们自己做选择的机会。当然，我们还应该告诉他们所有备选项目和由此引发的结果。然后，让他们承担自己的选择所带来的后果。孩子为了读完一本书想睡晚一点？可以，并且告诉他，第二天他会很疲惫，但他还是得按时起床。你女儿想学法国拳击？可以，但她必须承诺学满一年。

讨论，交换意见

作为父母，没有人能够阻止你发表自己的意见，特别是那些对你来说确实重要的东西。和你的孩子一起讨论，然后让他选择自己的朋友，选择如何安排自己的学习，选择下午茶要吃的东西以及课堂口头介绍的主题。然后给出你的意见："我个人不会做出这个选择，但既然你觉得还不错，那我也同意。"

我们教会孩子做出选择，从自己身上找到行为动机，他才能形成牢固的信心。他会明白，没有人能强迫他害怕、徒劳地担心或伤心。

依赖自己

让孩子选择并不意味着让他为所欲为。否则，孩子就不会收拾自己的房间，也不会参与各种家务了。他们应当逐渐学会自律和负责任。

在孩子学习自律和负责任的同时，和孩子达成一致，确定几条他在家中的义务和在外面需要遵守的规则。告诉他，如果他忘记履行义务或遵守规则，他将会面临什么后果。

然后，请信任你的孩子，相信他能实现自己的诺言。你也可以时不时地提醒他。你在他身边，是陪伴他成长，而不是给他惩罚。

负起自己的责任，就是懂得做出承诺并长期遵守诺言。

92 教孩子解决问题

别人手里没有给你的礼物，这从来都不是麻烦。
你自找麻烦，是因为你需要他们的礼物。

——美国作家 理查德·巴赫

和成人一样，孩子也有自己的“问题”。或者更具体地讲，一些生活现状对他们来说很成问题。

你可能会有以下反应：要么你总是代替孩子解决问题，要么你教他学会自己解决问题。只有第二种做法才能激励孩子走向独立。

学会思考

如果你的孩子向你展示了一个他不知道该如何面对、如何行动的情况：

- 不要表达自己的立场，也不要给出意见，即使孩子要求你明确说出来。
- 向他提问，弄清情况，了解事情的来龙去脉。这并不是让你有自己的意见，而是帮助孩子回顾事件。
- 根据具体情况，建议他思考几天或几小时。他需要思考所有解决方法、所有选择、所有正面或负面的结果、所有的成本（时间、精力、困难、金钱）。他应该把这些都写下来。
- 思考过后，和他谈论结果，陪他做决定。

相信本能

在成长过程中，孩子理解了一些规则，也积累了一些经验，因此他会形成本能。和大人一样，他能“感觉”到外部世界是否有危险，自己是否能信任他人，在某种情况下他是否自如。

你可以明确地向他提问，帮助他增强“第六感”：“你有什么感觉？我们要朝左走还是朝右走？”“你觉得班里的新同学怎么样？”

告诉他运用本能时要注意以下两点：

- 如果他有一丝怀疑（不值得信任的人、可疑的情况、太高的风险等），那就不用参与其中。他应该相信自己的本能。
- 如果他觉得自己可以参与，他也不能仅仅满足于自己的本能，他还需要思考。

讨论他的规划

“我想给自己织一件上衣，但不知道怎么织。”“我想和朋友们去伦敦过周末，但不知道住哪里。”“我想赚点零花钱，但不知道该怎么办。”……

你的孩子有想法、有规划，这很好。你的作用就在于接纳孩子的愿望，并帮助他实现：

- 他的规划有详细的步骤还是只有模糊的想法？让你的孩子去咨询，然后向你介绍一个有效并且具体的行动方案。
- 他的规划安全吗？理智吗？逻辑严密吗？符合道德规范吗？
- 他的规划里有哪些不确定因素？有哪些解决方法？

在这个阶段，和孩子一起花时间思考他可能会遇见的具体困难。让他提出解决方法并去实行。规划实现后，和他一起总结，然后鼓励孩子从中吸取教训，准备下一个规划。

知道孩子何时
“到年龄”

93 评估孩子是否“到年龄”了

我 8 岁的女儿想自己和同楼的小邻居一起上学。
我在想应不应该答应她们，
毕竟城市里复杂的交通对她们来说还很危险。
她们到独自上学的年龄了吗？

——一位母亲

所有譬如“孩子几岁开始可以自己去上厕所、在做作业时不依靠别人的帮助、去朋友家过夜、不在大人的陪伴下去度假”的问题，都没有简单的答案！原因很明显：年龄并不是问题。

父母希望专业人员可以告诉他们，什么时候应该要求孩子独自穿衣，什么时候让他自己和朋友一起出去玩……然而，关于“什么时候”和“怎么做”这两个问题的答案，和孩子的出生日期并无关联。

当然，我们还是有参考数据的，我们可以指出孩子独自完成某个活动的平均年龄。但孩子之间的个体差异非常大，某些孩子完成得比较迟，这种情况往往是在所难免的。

另外，我们有两个关于“什么时候”的问题，这个话题更加复杂：

- 孩子什么时候感到自己已充分准备好进入下一个阶段？
- 父母什么时候感到自己准备好让孩子去完成这一阶段？

什么时候?

如果有可以向父母展示的参考表格，指出孩子分别在几岁时能够处于什么样的“独立”梯级，就再好不过了。孩子的健康证里，最好带有相应的日程表，日程表里有像身高、体重等各方面的平均数值以及“正常范围”数值的曲线图。当然，这些表格会随着社会的变化而变化……

然而，对于父母来说，这样的表格并不存在，孩子的成长不能用日程表来安排。孩子是否“准备好”，取决于孩子的自身情感、社交发展水平、经历和性格，以及应付能力等各方面的表现。

我们不能因为幼儿能拿住勺子，就以为他“到了独自吃饭的年龄”；也不能因为大龄孩子非常灵活地运用网络，就以为他可以在卧室里随时上网。

孩子生活中的很多阶段由他的出生日期决定：入学时间、看某部“禁止 XX 岁以下孩子观看”的电影的权利、考驾照、选举权、购买烟草权……法律需要确定界限，但我们无法说出，孩子几岁时可以独自待在家里、使用烤箱或决定不上钢琴课……**所以，这本书中的大多数数据，只是参考数值**。

怎么做?

一般来说，孩子懂事，想快点长大，学会一些“大人”的能力，父母也会骄傲。但孩子的安全和健康以及均衡发展应放在首位。

所以，关于“怎么做”的问题比“什么时候”更重要。怎么做、怎么教育、怎么提前准备，才能在适当的时候，让孩子面对生活中的挑战?

当新阶段的成功有了保障，孩子也就准备好了。孩子成长的关键就是在每个阶段做好准备。其实整本书都在探讨“准备”这个话题!

94 评估孩子的脾气

平庸的性格，就是没有性格。

——尚·德·拉布鲁耶

想知道孩子是否准备好学习新东西或承担新责任，除了考虑他的年龄、发育水平和周边环境以外，你还需考虑他的脾气。

被定义的性格

父母对每个孩子的性格都有着自己的看法：这个孩子难以接受挫折，那个孩子很容易相处，另一个孩子非常善良，等等。

孩子的性格从来都不是定性的，但有些特征从幼年时期就开始出现，有些特征会长期存在，而有些特征则会消失。

孩子的脾气和他的智力水平或能力无关。但孩子的脾气以非常个人的方式陪伴着他成长。**找到孩子的性格特征有助于我们理解孩子如何看待生活，尤其是如何看待新鲜事物**。

“理智”的孩子

与独立相关的主要性格特征就是孩子的理智。**孩子七八岁时的理性思维是这样的：能够分辨真实与想象**；他利用自己思维中的逻辑，进行选择；

他越来越像“大人”一样思考；他更侧重现实，知道自己不能拥有一切，也更能忍受挫折。理智的孩子是我们可以信任的孩子，是言而有信的孩子，是不会不经过思考就贸然行事的孩子。这样的孩子完全能冒一定的风险，走近新生事物，因为他已经思考过这样做的后果。

管理过渡时期的能力

你的孩子具备管理过渡时期的能力吗？他如何看待变化？发现新事物时，他是高兴还是担心？高兴的孩子能够带着更多的信心去取得进步。

某些孩子在模仿父母的行为时就形成了自己的习惯，他们害怕打破习惯；某些孩子只要一有机会，就会“打破常规”，不断争取超越“权威”给他制定的极限。这种能力与好奇心和胆量有关，有这两样东西的孩子会“抢夺”自己的独立，没有这两样东西的孩子则会被迫改变自己。

其他重要特征

- 平衡的心情。某些孩子的情感被伤害后，很快会恢复好心情；而某些孩子的负面情绪则持久不散，他会一直赌气。
- 积极的性格。总体来说，心情好的孩子比总是悲观或抱怨的孩子有更强的适应能力。
- 精力和身体。相信自己身体健康、精力充沛的孩子，比很快就疲惫不堪或需要更多休息的孩子有更强的抵御能力。
- 挑战和付出。有些孩子喜欢挑战，他们会自寻挑战，或接受其他人的挑战。他们会全身心投入，在没有坚持到底或没有完全付出前决不放弃。

95 评估孩子是否准备好照顾自己的身体

我儿子 1 个月后就要上学了，但他还不会如厕。

我感觉他对干净整洁完全不在意。

别人告诉我，他年龄到了，但我觉得他还没准备好……

——一位母亲

学会如厕

有些孩子 2 岁开始自己如厕，有些则 4 岁开始，女生普遍早于男生。想要孩子学会如厕，他就必须：

- 拥有对自己身体和身体机制的敏感度。
- 能忍住便意，但没人能加速孩子括约肌的发育。
- 能够表达自己的需求，理解别人向他提出的要求。
- 拥有灵活的身体。

独自洗漱

3 岁左右，孩子可以开始独自洗漱。对很多没有准备好将这份责任留给孩子的父母来说，3 岁似乎太早，然而，对于洗澡，只要给孩子香皂或沐浴乳，向他解释怎么搓澡、怎么冲洗，3 岁的孩子就完全可以独自解决（只是洗漱身体，但还不能洗头）。

注意：独自洗漱并不意味着孩子可以一个人待在浴室里。

独自穿衣

2 岁半或 3 岁的孩子可以开始独自穿衣。但他还需要两三年时间才能完全独自系皮带、拉上拉链和系鞋带。以下几点可以帮助孩子：

- 买容易穿的衣物（例如买没有鞋带的鞋子）。
- 允许他在几件衣服中选择。
- 把衣服按正确的顺序和方向，放在他的床上。
- 不要一直催他“快点”。

自己选择衣服

父母和孩子一起购买衣服时，只要服装得体、实用、价格合理，我建议父母最好遵从孩子的选择。这样做不仅会减少购物时的矛盾，也能降低早上孩子不想穿衣服的概率。一起购买衣服，还是父母和孩子讨论品牌、风格和个人品位的良好时机。**青少年的选择常常和父母的选择相反，对于这个年龄的孩子来说，这是正常现象**。孩子需要时间，才能停止反抗并找到自己的风格。父母必须设立一些限制，告诉孩子，他在上学时、和朋友出去玩时、去爷爷奶奶家吃饭时，穿衣的方式并不相同。

独自求医

青少年完全可以在父母的同意下，预约主治医生，独自就诊。与其说允许他这么做，不如说是父母对他隐私的尊重。父母也可以和青少年一起准备就诊，写一份症状和问题的清单，让他在纸上记下重要的医疗建议。

即使青少年只是有急性咽炎或找医生开健康证明，他也可以利用机会向医生提一些他很在乎，但又不敢和父母提及的健康问题。

96 评估孩子是否准备好忍受孤独和分离

朱莉虽然 8 岁了，但是还要在客厅玩。

我们完全无法让她去卧室玩。

我在家的时候，她无论如何都要在我身边……

——一位母亲

独自在卧室玩

希望孩子独自在卧室玩，父母需要保证一些条件：

- 他很早就住进了自己的卧室。
- 他的卧室里有很多他喜欢的玩具。
- 他的卧室离亲人的卧室很近，他能听到他们的声音。
- 他有想象力，喜欢创造故事，想象世界。
- 他的父母或兄弟姐妹有时会去他的卧室和他一起玩。

去朋友家过夜

孩子很想去朋友家过夜时，父母可能觉得他准备好了。然而，一到朋友家，他就开始焦虑、哭泣，并想回家。

与父母分开一个晚上，孩子的表现不尽相同。自信心很重要，但更关键的是训练。习惯周末出去玩或去祖父母家过小长假的孩子，更容易适应。

千万不要勉强。如果你的孩子不想去朋友家，那就让朋友来你家吧！

和父母短暂分开

大部分孩子独自待在亲戚家，尤其是祖父母家时，都不会太困难，因为孩子熟识他们，也习惯了去他们家。

春游或秋游也常常顺利进行。孩子和同学、老师一起出发，因此他有自己的参考目标。他以别人的行为作为范例，并谨慎行事，以求不被他人视为“小宝宝”。这种情况下和孩子分开，父母其实比孩子更难过。

孩子去他不太熟悉的人家里或者集体寄宿单位时，情况才更困难。然而，如果父母履行决议且孩子寄宿时间不超过 1 周，所有学龄孩子都能快乐地度过这段时间，而且他们还能从中学到东西。

不管什么情况下，只要孩子和兄弟姐妹一起，就可以让分离更加容易。

独自在家

对还没上初中的孩子来说，每天放学后独自在家或独自看家几小时，是比较困难的。某些理智的低龄孩子，只要他们愿意，也是可以独自在家的。大部分孩子会要求将电视开着，这样感觉家里还有人，也帮助他们消磨时间，如果孩子有兄弟姐妹，甚至是猫狗，则更好……

难以独自在家的孩子，往往是害怕入室抢劫或偷盗。关于这一点，父母必须安慰他们。

孩子经过训练，可以给父母打电话，或在那段时间有具体的事情要做（无事可做会加剧孩子的焦虑），独自在家就会容易些。

97 评估孩子是否准备好管理自己的社交关系

青少年文化是很可怕的限制，
因为青少年想融入，想被同龄人认可，就别无选择：
他必须服从自己所在群体的标准。
但群体也有好处：
它生成互助系统，让青少年学会不依赖父母。

选择朋友

通常孩子在择友时不会询问父母的意见。他在校内或校外遇到的孩子里寻找朋友，而父母则“批准”他的选择。

当孩子被朋友骚扰、控制或被带入歧途时，父母会认为这个朋友对孩子有不良影响，不希望孩子继续和他一起玩，这时问题才会出现。

当幼儿遇到以上情况，父母必须理智地介入，可以给孩子换班。随着时间的流逝，孩子会对其他孩子产生兴趣。

当青少年遇到以上情况时，事情更复杂一些。朋友占据了他们生活中的重要位置，和他们一起探索并分担生活中的困难。他们也以朋友为比较对象，从而定义自己。

孩子应该感到：

- 自己的选择被尊重。
- 自由地和他人相处且不孤单。

不要过于批判孩子的品位、活动或朋友，因为他会觉得自己不被理解，有可能封闭自我。但这并不意味着任由他做所有他想做的事情。如果他的某些朋友让你担心，你觉得他们对孩子有不良影响，你最好和孩子谈谈，了解他和朋友一起时在做什么；邀请这些朋友来家里玩，更进一步地认识他们。请谨慎地对他们做出评价：不要忘记，负面评价产生的效果可能与你想要达到的效果完全相反。

恋爱

父母通常觉得孩子在幼儿园的小恋爱惹人欢喜。之后，一切回归平静。到青少年时期，在孩子感受到初恋的苦恼之前，父母常常疑惑孩子是不是真的到了可以恋爱的年龄……

孩子出现强烈的恋爱感觉并不少见，但这种感觉常常保持隐秘或被青少年循规蹈矩的行为所遮盖。爱的对象是遥远的、被理想化的、无法接近的。这是一种夹杂着焦虑的幸福。失恋的青少年会通过保持距离来保护自己。有时，孩子的初恋对象会被偶像、老师或某个无法接近的人所取代，这样孩子才能让自己逃避现实。

父母很难找到自己正确的立场，那就请**保持倾听，并循循善诱**，让孩子知道在他需要时我们会帮他。注意孩子的极端行为（自我封闭、烦躁不安等）。作为青少年的父母，我们必须承认，有一些事情我们不能管太多，孩子生活里发生的一些事情不在我们的管辖范围内。

拥有手机

我们无法指明，孩子几岁时可以拥有一部手机。其实他们 4 岁时，我们就能看到或听到他们在使用手机了！在还没有手机前，他们会使用父母的手机。为了让幼儿玩和随时联系他们，父母会给幼儿买手机，而大龄孩子则使用手机上网……我们发现，孩子拥有手机的时间越来越早。

孩子不需要手机，但他们会有想要手机的欲望。为什么想要手机？因为朋友们都有，因为智能手机就是目前最好玩的玩具。年轻人使用手机，就像使用多功能“瑞士军刀”一样。除了打电话，他们还会用手机拍照、拍视频、听音乐、定位、玩游戏、和朋友交流等。

他们梦想着买手机，可以理解！但是，买还是不买，由父母决定。

手机设备和套餐的成本高昂。仔细比较不同的套餐，选择最适合孩子的那一个。如果孩子未成年，你可以要求运营商邮寄孩子电话费的发票和电话使用记录，这样你就能知道他用手机做什么。

使用手机有潜在的害处，包括生态风险、健康风险、心理风险和手机上瘾等。对于健康问题，目前还没有定论。相对于成年人，孩子是否因为大脑发育还不成熟而对辐射更敏感？法国环境与职业健康安全局建议使用手机者佩戴耳机，和手机保持距离，减少大脑暴露在辐射中的时间。

从独立角度来讲，手机其实是“风筝线”：父母不但没有放开孩子，反而通过手机时时刻刻和孩子联系在一起。

所以，手机不是必需品。不管孩子几岁，他都已准备好拥有手机……什么时候允许他有手机？你自己决定！

上网

问题不在于网络本身，它是知识和探索的源泉，它充满了无数的机遇。问题在于以下两点：

- 孩子对网络太过“上瘾”，很难从终端机（电脑、电话或平板电脑）上离开。尤其是网络游戏有让孩子沉溺的风险。

- 孩子有接触色情内容的风险，而你肯定希望孩子避免接触这些信息。登录社交网络也有一定的风险。

网络既是机遇又是风险。未成年人是否可以咨询“敏感”内容或使用“敏感”多媒体界面，都由父母决定。

父母监视系统，能阻止孩子进入某些网站，让他们在没有太多风险的情况下“网上冲浪”。由此，青春期前期的孩子可以在被“监督”的情况下上网。

对于青春期的孩子和年龄更大一些的孩子来说，教育、规则和叮嘱不可或缺。网络既然让他们和朋友在社交网上保持联系——这毋庸置疑很有乐趣——那么他们就必须了解网络骚扰的存在。

并且，父母允许孩子在卧室里自由上网时，孩子可以和任何人联系，可以和世界另一端的、藏身于网名之下的人交流，也可以下载含非法内容的东西。因此，父母的决定不能一蹴而就，也不能在此之前不进行任何监督。

在了解孩子，了解他的朋友、他的习惯、他的态度之后，父母可以决定让他自由上网，并规定上网时间。

98 评估孩子是否准备好自己外出

孩子比同时期的我们更开放，更了解信息，更成熟。
他们很早就面对外部世界。
那么，他们是否准备好独自应对外面的世界？

——一位父亲

独自上学、去面包店……

从法律角度来说，6 岁的孩子就可以独自上学。但如今，很少有孩子这样做。是因为世界变得更危险，还是父母变得更焦虑？

孩子过了横穿马路还不看左右的年龄，且经过训练后就可以独自在外面行走。他们将学会认路。**孩子第一次独自出门时，我们可以远远地跟着他，确保他做出正确的行为，**或者让他和另一个孩子一起出去。

考虑到孩子的性格和周围环境，我们可以让孩子（6~11 岁）习惯于独自走完某些路程。当然，他必须步行，对于更大一些的孩子，他们还可以坐公交车。

去购物

如今，去商业街或购物中心逛街几乎是家常便饭。商店或购物中心是有着光线、音乐，让人兴奋的喧闹场所。服装店很有诱惑力，我们可以看，可以试穿……几个人一起去买东西对于年轻人来说，更为有趣，他们可以互相交换意见、交流发现。

当孩子的出行进展顺利时，这样的出行就能让孩子扩展探索的范围，也教会孩子成为有经验的消费者。

和所有走向独立的阶段一样，这一阶段也需要做好准备：

- 和孩子一起去购物中心。教孩子如何购买，告诉他有关购物的礼仪规则和外出的安全规则。
- 教他读产品标签，理解广告的作用，理解促销和折扣，同时教他千万不能偷窃。
- 带上孩子和他的朋友。在一旁观察他们的行为。如果一切顺利，在你去买自己需要的东西时，让他们独自逛半小时或 1 小时。
- 做和上一条一样的事情，带不带他朋友都可以，但他独自逛街的时间更长，给他一点钱，让他买一些东西（“给我买件新 T 恤”“给你自己买一双毛线手套”），然后告诉他购物的步骤。
- 让你的孩子出去 1~2 个小时，但请选择具体的日子和时间（人少的时候）。

独自乘坐交通工具

孩子独自坐飞机完全没问题，因为航空公司会悉心照顾无人陪伴的孩子。但怎么知道孩子准备好独自坐公交车或火车呢？

在这个方面，孩子常常是迫不得已。如果父母离了婚，且居住的地理位置相距非常远，孩子会很快学会坐火车从一位家长的家到另一位的家；如果是上学需要，他将学会坐公交车或地铁。在孩子准备好之后，常常能应对自如。

比如，孩子独自坐火车去爷爷奶奶家，也是孩子走向独立的重要一步。他感到你对他很有信心，也感到这样的机会很宝贵。

需要注意的几点要素是什么？

- 孩子在公共场所中表现得相对自信。即使他必须问路或找人指点，他也不会给人迷路的印象。他对周围发生的事情保持警惕。
- 他知道在需要时向谁求助。他知道如何辨认“可靠”的人。你可以教他乘坐公交车时坐在车前方，尽可能坐在女人或带孩子的成人旁边。
- 他知道如何回答你的测试问题：“如果……，你怎么办？”
- 他会看地铁路线图、城市地图、公交车时刻表。
- 他懂得在公共场所正确地行动。不会把脚放在座椅上，见到老人会让座。

晚上出门，和男（女）生谈恋爱

孩子会渐渐地开始在晚上出去玩。在“朋友家过夜”后，还会有“睡衣派对”，然后就是晚会。以前，朋友的生日派对都是在下午进行，现在，生日宴会开始的时间越来越晚。

这种演变是正常现象！它取决于孩子的社交环境。如果因为你觉得派对开始得太晚而拒绝孩子朋友的邀请，那么你的孩子就有可能不会再被邀请。**中立的方法，就是确定一个你觉得合理的回家时间**。那么你的孩子即使不高兴，也会尊重这个时间，因为他的出行得到了许可，而且这个限制可以随着时间和环境而变化。

然而你必须采取以下措施：知道孩子在哪里，认识接待他的家长（根据孩子年龄，也可以给家长打电话），认识派对参与者，知道是否有成年人参加，聚会里是否有酒精，限制结束时间和回家时间。

你应该检验孩子所说内容的可信度——关于这些聚会，他是否说了真话？了解孩子聚会情况的方法就是在自己家举办一个派对。如果孩子拒绝办派对，说明他有问题。

孩子晚上出门，和男（女）生谈恋爱，是另一种情况，即使这种现象出现的时间和聚会出现的时间相同。“谈恋爱”的概念比较模糊，你无法问清楚孩子他想表达什么。根据地点、社会阶层和年代不同，“谈恋爱”所涵盖的意思也不同……

认为孩子在青少年时期没有准备好“谈朋友”的家长，和那些孩子过了 18 岁还没有恋爱对象就开始焦虑的家长，其实是同一批人！

青少年“谈恋爱”是正常的性发育现象，也表明孩子对他人产生了兴趣（一般来说，是对异性的兴趣，但这不是绝对的）。“谈恋爱”并不意味着“一起睡觉”，而是表明和同龄人保持两性关系。

如果你在几年前就开始教育孩子，那么他应该已经为谈恋爱做好充分准备。在接近青春期时：

- 孩子接受了充足的性教育。如果他有问题，就可以提出。
- 性教育不仅仅是关于疾病或妊娠的机械化和预防性教育。它不只是教育孩子保持警惕，还包括恋爱关系教育、关于教养和尊重的教育。
- 你告诉儿子，女生是怎么想的，她们喜欢什么，对什么感兴趣，也告诉女儿，男生是怎么想的。
- 孩子眼前有互相尊重、取悦对方、有矛盾可以沟通的夫妻模范。
- 你通过电影、电视节目或“真实生活”中的范例，和孩子谈论男女关系。

当青少年参加聚会或和朋友一起出去时，坚持表明喝酒（或其他含酒精饮料）的坏处，阐述酒精对精神的影响：喝酒会降低人们对自我的控制水平，导致人们做出不当行为。

99 评估孩子是否准备好担负责任

以前在农村，每个人都在舍己为人，都在做贡献，都在负责任。
我们的大家庭，就像一个社区，
每个人都有自己的位置和角色。

——一位奶奶

尊老爱幼

世界变了。孩子们不在田里劳作，而是去上学，当然这样更好。但是，不管是在城里还是在农村，不管是现在还是从前，都需要每个人的努力，才能让家庭运转良好。“父母——行动者，孩子——享受者”的模式并不是孩子获取独立的最佳模式。

我们不仅应该欢迎所有年龄的孩子参与活动，更应该积极鼓励他们参与。这里所说的不只是家务活，也包括责任。

孩子什么时候可以照看弟弟妹妹泡澡、回到自己的学校前把弟弟妹妹送到学校、父母不在家时照看他们、在他们做作业时提供帮助？

孩子什么时候可以陪爷爷玩几个小时的游戏、在和奶奶一起买东西时帮她提包？

这都取决于我们教了孩子什么。有一点可以确定：感到自己有用，能够保护年幼或年长的孩子，会更有自尊。**孩子将发现，付出并不辛苦，它是既舒心又能锻炼人的行为**。付出也是收获的最好方法。

我要讲明一点：我谈论的只是帮助。让孩子或青少年负责，并不意味着让他取代成人的位置，承担成人的责任！

独自做作业

看孩子写作业是父母的一大难题，他们对此感到厌烦："我什么时候不用再管孩子的作业？"

传统意义上来说，**孩子进入初中，就表示他可以在卧室里安静地做作业**。但某些孩子一直都是独立做作业，而有些孩子则在初一之后仍需要帮助。如果孩子进入初中后并没有特别的学业问题，父母可以只帮他进行学业安排，或他愿意的话，偶尔辅导一下作业。但是做什么作业、什么时候做作业、怎么做作业等，都是孩子的责任。

为达到这一目标，孩子进入小学开始，就必须接受训练：

- 孩子吃完下午茶或一回到家，就让他做作业。看电视、玩游戏都是做完作业之后的事情。
- 如果他想在客厅的桌子上做作业，父母可以允许，但是不能开电视，也不能听音乐，他身边必须有成人陪伴。
- 和他一起总结他做的作业。检查他是不是有书、本子和必要的材料。确保孩子理解作业要求，如练习题题目、背书的内容等。
- 让他思考和做题。如果他遇到困难或需要背诵课文，你都能够帮助他。但你在他身旁可不是为了拉着他的手，或帮他做作业。
- 为每一项任务确定时间限制。孩子应该逐渐学会集中精神，更快更有效地完成任务。
- 你的作用是鼓励、支持、表扬，在必要时给出解释。而不是给孩子太多压力，不是让自己卷入无尽的纠纷中，也不是扮演老师的角色。如果情况太复杂，就将任务交给别人：在学校自习，请大学生家教等。

- 如果孩子每次做作业都闹脾气，或占据你太多时间，请和老师商量对策。

管理时间和安排表

我们可以花时间监督孩子，早上叫他起床，提醒他上柔道课等，也可以给他买个闹钟，让他自己起床。他起晚了？那就必须更快地穿衣吃饭。他出门晚了？到了学校他会挨骂。我们还可以花时间了解孩子的排课表，知道每天的某个时间他在哪里在做什么……最后我们可以信任他。

如果孩子习惯了父母提醒他每件事的期限，那么他成为青少年后就很难管理自己的时间。如果父母每次都让孩子逃过他的行为所招致的后果或麻烦，他就不会有责任感。

以下几点建议，请结合孩子的年龄和承担责任的程度适当采用：

- 在厨房里安置挂钟，在墙上挂家庭日历，在孩子的床头柜上放闹钟以及写有课程表和课外活动时间的个人行程表——**在家中摆放所有帮助孩子感知时间的物品**。
- 在日常生活中强调准时的重要性，并强调为了准时而应当给自己必要期限的重要性。告诉他，准时既涉及时间安排又是基本礼仪。
- 告诉他期限，让他重视期限，比如，“我们 10 分钟后出发”“奶奶 1 周后过生日”“我们 8 点吃饭”，等等。
- 帮他制定清单：睡觉前要做的事情，今天要做的事情，这周要做的事情，有空就会做的事情等。他必须经常查看并更新这个清单。做完一件事，就把它从清单上去掉。

- 和“拖延症”做斗争。“拖延症”就是把现在可以完成的事情拖到以后去做。青少年并不是唯一备受“拖延症”煎熬的人群，很多人都有不同程度的“拖延症”！父母应当让孩子明白解决一个拖延很久的问题的意义：“反正你都要做，还不如现在就做，这样你以后就不用愁了！”

打零工

打工是孩子获取独立并负起责任的最好方法！

孩子成为青年人，开始赚钱，在物质方面不再依赖父母后，才能获取真正的独立。由于现今年轻人进入劳动力市场的时间较晚，实现这一阶段的时间也较晚。但准备获取真正独立的最好方法就是“打零工”，它让孩子感到自主、有用、有能力。一些打零工的经验能写在简历中，在孩子找工作或真正工作时成为一项优势。

当然，这份零工绝不能占据学习时间。但是每周工作 2~4 小时，暑假工作 1 个月，对于 16 岁以上的孩子来说是完全可以的。

某些年轻人可以做的工作是正规报税的工作，而大部分工作是“有偿服务”或协会性质的志愿者工作。

但工作经验总能让人受益匪浅。

- 只要孩子还是未成年人，你就应该对他的所作所为负责。他不能在未经你同意的情况下实行某项规划。你必须在他实现规划前和他讨论，理解他的动力，帮他修正规划，保证他认真完成他承诺过的事情。
- “有偿服务”可以在邻里间进行：照看孩子、辅导作业、遛狗、洗车等。楼下商店的告示以及熟人的推荐都能帮孩子找到工作。

- 根据你的选择，孩子在家中完成特殊家务，例如捡落叶或洗车，也可以得到报偿。
- 需要出行、体验不同经历、和陌生人共处的工作对获取独立更有益，例如去酒庄摘葡萄或陪残疾孩子过周末等。
- 常常和他做工作总结。确保这份工作不会牺牲他做作业的时间、娱乐时间和家庭时光。如果他想放弃，和他一起商量并让他记起自己的承诺。

100 总结：什么时候放手？

蝴蝶的飞翔，也需要整个天空。

——保罗·克洛岱尔

对于许多青少年的父母来说，他们的教育都汇成以下一个问题：什么时候放手？很多时候，孩子坚持独立，父母则阻止、犹豫和害怕。

请观察鸟妈妈的行为：

- 必须早晚不合眼地孵蛋。
- 喂养饥饿的小鸟。
- 教小鸟展开翅膀，利用风力飞翔。
- 看着小鸟在鸟巢外翱翔，最后远离鸟巢。

不要忘了独立有两种方式：我们鼓励孩子获得独立和孩子从我们手中夺取独立。不管孩子多大，他们都想得到新的责任、新的自由。他们感到自己已准备好。如果你觉得他们低估了其中的风险，你的责任就在于让他们做好准备，叮嘱他们，在他们独立之初常伴左右，但绝不要“侵蚀”他们的翅膀。

让孩子独立的大好机会不是出现在父母准备好时，而是出现在孩子准备好时。

但某些孩子总让人觉得他们从未准备好。

如果孩子是以下这些情况，那就太令人寒心了：

- “不敢做”无数事情的孩子。

- 无法离开父母的孩子。
- 无法承受孤单的孩子。
- 对一切都感到焦虑，面对困难时感到无能的孩子。
- 做什么都要陪伴的孩子——写作业要陪、走路要陪……

同样地，以下这些大龄青年，也是不独立的：

- 不能做饭或熨衣服的青年。
- 从未和男生或女生“谈恋爱”的青年。
- 从未和朋友一起过周末或度假的青年。
- 在假期从未“打零工”的青年。
- 觉得父母家里很舒服，从不搬离的青年。
- “啃老族”，这是一种不仅仅能靠经济状况来解释的社会现象。

对于他们，我们必须鼓励，给予他们信心，有时我们甚至需要强迫他们离巢。只要他们学会飞翔，就不会再摔倒！

他们可能还会非常享受飞翔带来的快乐……